Arianna Conforto

Tra informazione e marketing

Sguardo semiotico su un genere ibrido:

il comunicato stampa

Indice

Introduzione

4. Press Office: tra informazione e pubblicità

Introduzione

*"One of the most common fallacies...
is the conclusion that if something is bad,
its opposite must of necessity be good".* [1]

Dice il filosofo Paul Watzlawick: l'opposto di qualcosa di sbagliato non è necessariamente qualcosa di buono. Qualsiasi parola, se decontestualizzata può legittimare una verità illusoria o creare fraintendimenti a causa della natura ambigua del linguaggio. Il fenomeno della comunicazione è un atto apparentemente semplice, intrinseco all'umanità, ma possiede meccanismi potenti e complessi. Proprio da questa naturale interazione vogliamo partire, con un percorso che ci porterà inizialmente attraverso le diverse forme che la comunicazione ha assunto nel corso della storia. Il primo capitolo di questo viaggio sarà quindi dedicato a ciò che sta alla base della relazione tra esseri viventi: il processo comunicativo, da quello più elementare tra due soggetti a quello più complesso e articolato su più livelli. Si passeranno in rassegna il concetto di comunicazione e i modelli teorici più rilevanti: il modello elaborato dai matematici Shannon e Weaver, le funzioni di Jakobson, l'approccio pragmatico di Paul Grice, fino ad arrivare alle teorie semiotiche di Eco e Fabbri, che si impongono sull'onda della diffusione dei mezzi di comunicazione di massa. La semiotica, la scienza che studia i segni in termini di significazione e di comunicazione, ci darà una mano nella definizione del concetto di "testo" contenuto nei

---

[1] Watzlawick - Weakland - Fisch – Change: Principles of Problem Formation and Problem Resolution W. W. Norton & Company, 25 apr 2011 p.34

messaggi inviati da un emittente. La nozione di "testo" nelle sue diverse declinazioni, ci condurrà alla fine di questo lavoro all'identificazione di un tipo di testo di eccellenza nelle pubbliche relazioni: il comunicato stampa. Il secondo capitolo, dunque, si occuperà di far luce sul concetto di "testo" che, sganciandosi dalla tradizionale base scritta, diventa oggetto di analisi della semiotica come veicolo di significato globale. Il testo come fenomeno (un quadro, un film, uno spot pubblicitario, una foto, persino una città) si lega indissolubilmente con il suo lettore, in una negoziazione di significati che variano al variare del suo quadro personale di riferimenti culturali. Ma quanto un testo trasmesso dai media può influire su un lettore? Ce lo chiediamo nel terzo capitolo in cui esamineremo i diversi approcci che hanno accompagnato la nascita e lo sviluppo dei Mass media nel Novecento e dei New Media nel ventunesimo secolo, compresi i loro effetti, tra teorie ipodermiche, *fake news* e comunicazione circolare. Prenderemo in considerazione anche alcune ricerche che ci forniranno dei dati su quanto sia rapida la rivoluzione culturale in atto con l'avvento delle nuove tecnologie. Protagonista del quarto ed ultimo capitolo sarà il comunicato stampa, strumento di comunicazione scritta utilizzato dai Press Office di organizzazioni e aziende con la finalità di trasmettere informazioni e messaggi a un pubblico più vasto possibile. Obiettivo di questo capitolo sarà in primo luogo quello di valutare tutte le potenzialità che il comunicato stampa possiede da più di cento anni: dalla sua prima apparizione in occasione del disastro ferroviario di Atlantic City del 1906, alla sua evoluzione in canale promozionale chiave per tutti coloro che lavorano nel mondo della comunicazione e delle pubbliche relazioni. Dato per morto ormai in una miriade di post e commenti in rete, rimane al contrario vivo e in salute. Da messaggio unidirezionale (appunto "comunicato": un participio senza possibilità di risposta e di interazione rivolto a mezzi di informazione cartacei) rappresenta ancora una risorsa importante se adeguato alla comunicazione di oggi, multidirezionale e social. L'esperienza personale, maturata all'interno di un ufficio stampa, è stata fondamentale per osservare da vicino e analizzare le differenze tra la tradizionale forma del comunicato stampa e i primi cambiamenti apportati dall'evoluzione delle tecnologie, che hanno dato l'avvio a un processo di ibridazione tra media, rendendo confini di ruoli, funzioni e gerarchie sempre più sfumati. Pertanto, la scelta di analizzare dal punto di vista semiotico alcuni comunicati stampa, scelti tra un corpus nell'ambito degli eventi e gli spettacoli dal vivo, ci consentirà di verificare nella pratica come la comunicazione sia cambiata nel contesto socioculturale e tecnologico in cui si è evoluta. Ci porterà a formulare e verificare ipotesi sul funzionamento dei testi e sulla loro struttura profonda, comprendere come e perché certi testi producano effetti di senso, interpretare segni, identificarne le tendenze e le strategie comunicative e valutarne l'efficacia. Le opportunità offerte dall'era digitale e l'impatto della tecnologia sulla comunicazione dei press office e dei comunicati stampa verranno esplorate fino all'ultima sfida, quella dell'intelligenza artificiale, con la quale un addetto stampa con sguardo attento e curioso dovrà confrontarsi in futuro per aumentare la dimensione comunicativa del suo lavoro.

1. La Comunicazione

1.1 Come funziona un processo comunicativo

Tutta la realtà umana appare oggi naturalmente comunicativa, non esiste non-comunicazione. Sia che si parli, sia che si resti in silenzio, sia che si scriva un messaggio su un foglio, che si mostri un disegno o che si sfoggi un tatuaggio, tutto comunica. *"Comunque ci si sforzi, non si può non comunicare"* - diceva lo psicologo Paul Watzlawick - *"L'attività o l'inattività, le parole o il silenzio hanno tutti valore di messaggio: influenzano gli altri e gli altri, a loro volta, non possono non rispondere a queste comunicazioni e in tal modo comunicano anche loro"*[2]. Dal punto di vista etimologico la parola "comunicazione" deriva dal latino *[lat. communicatio -onis] der. di communis «comune»; − 1. a. In senso ampio e generico, l'azione, il fatto di comunicare, cioè di trasmettere ad altro o ad altri*[3] (vocabolario Treccani). L'aggettivo latino *communis*, che sta alla base del verbo commun-ic-are, è composto dalla preposizione com- (cum) e dall'aggettivo semplice munis, che vale già al suo comparire 'svolgente un compito, un incarico. *"Dalla sua apparizione scritta, com-munis vale 'comune', 'condiviso', in opposizione a proprius, e fu sentito come parallelo, per il dispiegarsi del suo spettro semantico, al greco koinós 'comune', di altra provenienza*

---

[2] P Watzlawick, JH Beavin, DD Jackson - Pragmatica della comunicazione umana - Astrolabio, Roma, 1971

[3] https://www.treccani.it/vocabolario/

etimologica, benché vagamente allitterante"[4]. Complessivamente potremmo dire che il lat. *communio* potremmo tradurlo come "mettere qualcosa in comune con qualcuno", nel senso di condividere. Dal concetto originario di "condividere" "mettere in comune", dopo la Seconda Guerra Mondiale il termine comunicazione acquisisce un significato più dinamico, un senso più ampio, immateriale e aperto a tutti, che si evolve in trasmissione di un'informazione così come la intendiamo oggi. È questo un modello recente, che non esiste nei classici del pensiero politico o filosofico, né linguistico o semiotico, e si afferma definitivamente con una teoria matematica di trasmissione del messaggio dei primi anni del '900.

1.2 Modelli di comunicazione

1.2.1 Il modello standard: Shannon e Weaver

Questo modello elementare di comunicazione nasce nei laboratori tecnici di ricerca della Bell's Telephone Company, ad opera di Claude Shannon, un ingegnere che nel suo libro "Teoria matematica della comunicazione"[5] scritto insieme al collega Warren Weaver, considera la comunicazione come un flusso che comprende vari procedimenti, attraverso i quali un pensiero può

---

[4] Bracchi Remo, Comunicazione (Etimologia), In Franco Lever - Pier Cesare Rivoltella - Adriano Zanacchi (ed.), La comunicazione. Dizionario di scienze e tecniche, www.lacomunicazione.it

[5] The mathematical theory of communication (University of Illinois Press, Urbana 1949; trad. it.: La teoria matematica della comunicazione, Etas Kompass, Milano 1971)

influenzare un altro. Incentrato sul concetto di "trasmissione", la teoria si pone come scopo quello di spiegare il funzionamento di un processo comunicativo, sia che esso avvenga tra due macchine sia che coinvolga due esseri umani o ancora una macchina e un essere umano. Una sorgente emette un segnale, un messaggio, cioè le informazioni da trasmettere; un trasmittente (*encoder*) lo codifica e lo fa transitare attraverso un mezzo o canale di comunicazione con il rischio che una fonte di rumore possa modificarlo o danneggiarlo; un apparato ricevente (*decoder*) lo decodifica in modo che sia compreso dal destinatario che lo riceve. Gli elementi fondamentali di questo sistema di comunicazione sono rappresentati con le loro relazioni del seguente schema:

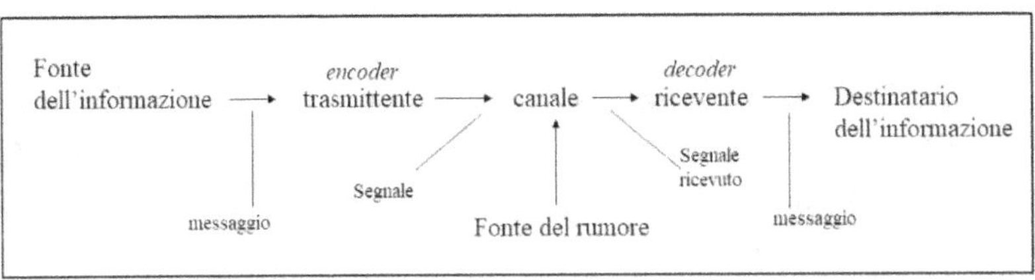

Figura 1 Il modello matematico di Shannon e Weaver 1949

Scopo di questo modello, che veniva applicato alle conversazioni telefoniche era quello di studiare le migliori strategie perché un messaggio arrivasse integro al destinatario. Applicato alla comunicazione in generale, partendo dal presupposto che un messaggio passa da un mittente a un destinatario, è necessario che le componenti che formano un messaggio siano costruite secondo un codice, cioè un sistema di segni con delle regole che siano condivise dalle parti in causa, altrimenti il processo comunicativo rischia di non avvenire. Il messaggio viaggia attraverso un mezzo o un canale che può essere fisico, fonico, grafico o un apparato tecnologico, e giunge alla sua destinazione, non senza difficoltà. Se si trascura il contesto in cui si realizza, ossia la dimensione linguistica, cognitiva e culturale che opera da riferimento, la comunicazione rischia di essere fraintesa o di risultare problematica. Inoltre, durante il processo comunicativo potrebbero essere presenti i "rumori" ossia elementi di varia natura che potrebbero rendere difficoltosa la comprensione. Per limitare i danni causati dai rumori si utilizza la ridondanza, cioè si inviano dei messaggi secondari che possono essere d'aiuto per limitare i danni e assicurare la riuscita del processo. La finalità operativa della comunicazione secondo questa teoria è far passare il maggior numero di informazioni attraverso un canale, nel minimo tempo possibile e con il minimo dispendio di energia. Il limite di questa teoria si supera solo se abbandoniamo il concetto di comunicazione come scambio di informazioni e consideriamo due degli aspetti che la caratterizzano, cioè l'intenzionalità e la relazione e quindi il significato implicito del messaggio e i suoi riferimenti a esperienze e all'immaginario condiviso tra i comunicanti.

1.2.2 Modello di Jakobson

Dall'esposizione del modello di derivazione cibernetica di Shannon e Weaver prende le mosse quello rielaborato dal fondatore dell'importante Circolo linguistico di Praga Roman

Jakobson (1896 / 1982)[6]. Ridisegnando lo schema del processo comunicativo in cui l'emittente invia a un destinatario un messaggio organizzato secondo un codice condiviso, Jakobson mantiene un contesto, cioè una specifica realtà di cui parla e aggiunge il "contatto" tra emittente e destinatario, cioè un canale che li leghi.

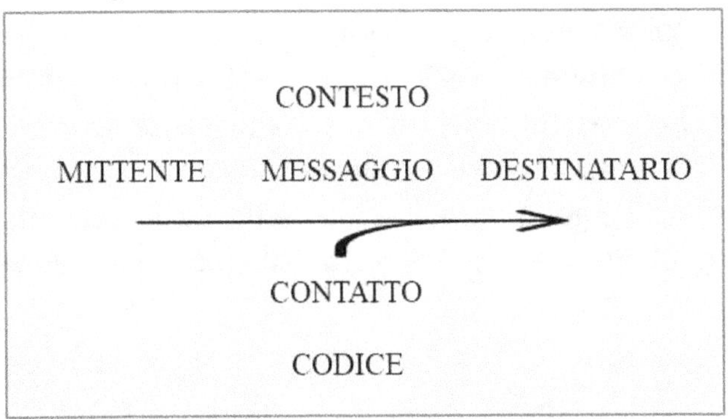

Figura 2 Processo comunicativo di Jakobson

Ognuno di questi fattori dà vita a una "funzione linguistica". Jakobson definisce sei funzioni che un messaggio può svolgere nella comunicazione linguistica:

Funzione emotiva o espressiva: il mittente esprime le proprie emozioni e i propri sentimenti.

Funzione fàtica: il mittente crea e garantisce il contatto con il destinatario.

Funzione poetica: è il modo in cui il messaggio viene realizzato e

---

[6] R. Jakobson Saggi di linguistica generale, Feltrinelli, Milano 1966 (ed. orig.

1963).

organizzato al suo interno.

Funzione metalinguistica: il messaggio definisce il codice e il rapporto tra gli interlocutori.

Funzione conativa: il messaggio produce effetti dando ordini o consigli.

Funzione referenziale: il messaggio si mette in relazione con il mondo, parla di qualcosa, informa.

Ogni atto comunicativo comprende tutti gli elementi della comunicazione e tutte le funzioni. "La diversità dei messaggi non si fonda sul monopolio dell'una o dell'altra funzione, ma sul diverso ordine gerarchico fra di esse. La struttura verbale di un messaggio dipende prima di tutto dalla funzione predominante" [7].

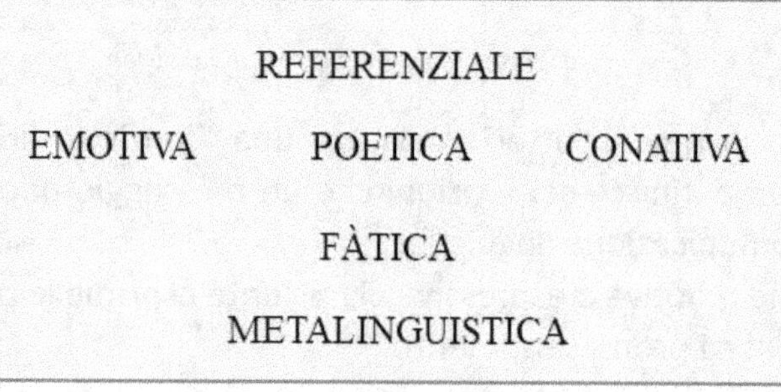

Figura 3 Le funzioni linguistiche

---

[7] Linguistica e poetica, ora in R. Jakobson, Saggi di linguistica generale (1963),

a cura di L. Heilmann e L. Grassi, p.186

Da queste sei funzioni si può giungere anche ad avere un effetto "seduttivo" in cui l'emittente, esprimendo fortemente sé stesso, agisce sul destinatario con un potente effetto fatico e conativo attraverso un messaggio ben elaborato. Questo tipo di pressione sul ricevente e la forte esposizione dell'emittente può produrre una comunicazione del tipo "chi mi ama mi segua" tipica della pubblicità e della moda.

1.2.3 La comunicazione "amplificata"

Anche la comunicazione "amplificata" è un tipo di comunicazione che oggi non possiamo non prendere in considerazione, soprattutto se in seguito dovremo riferirci al meccanismo che sta alla base delle pubbliche relazioni, sia che si tratti di eventi, festival o conferenze stampa, che hanno come finalità quella di attirare l'attenzione. Questo tipo di comunicazione amplificata è progettata a più stadi per ottenere l'attenzione dei mass media. In genere si si hanno tre stadi: 1) si crea ad un evento che sia "notiziabile"; 2) lo si comunica in modo rapido ai mass media; 3) i media diffondono la notizia al loro pubblico[8]. Possiamo dire con certezza che nel mondo contemporaneo ormai la maggior parte degli eventi e delle notizie di una certa importanza sono costruite ad hoc per ottenere un posto centrale sui media. È chiaro che avere un messaggio da comunicare e un codice con cui farlo secondo le funzioni di Jakobson non è abbastanza per far funzionare un processo comunicativo. Ciò che serve è avere anche una

---

[8] Ugo Volli Il nuovo libro della comunicazione. Che cosa significa comunicare: idee, tecnologie, strumenti, modelli
Il Saggiatore, 2010

competenza comunicativa che consideri anche determinati elementi come i modi, i turni e le procedure che rendono possibile la comunicazione.

1.2.4 *Competenza comunicativa*

È evidente quanto sia importante per comunicare non solo il codice, ma anche una "competenza comunicativa", attraverso la quale si comprendono i tempi di una comunicazione: quando è l'occasione di parlare di certi argomenti, quando arriva il proprio turno per prendere la parola, quando e come richiedere il proprio turno, insomma il comportamento corretto da seguire per una comunicazione funzionale. Si tratta di conoscenze universali valide sempre o soltanto in determinate situazioni, utili in certi momenti della comunicazione o rilevanti solo in un dato momento.

1.2.5 *Inferenza*

Un altro punto di vista che mette in discussione il modello di Jakobson è quello che non pone più al centro della comunicazione di un messaggio la codifica/decodifica, ma l'inferenza. La comunicazione permette la generazione di "inferenze" ossia si generano indizi che si offrono all'altro e nello stesso tempo si traggono inferenze dagli indizi offerti dall'altro. Non si dà un'interpretazione del messaggio in base all'informazione linguistica, ma si compie un'attività deduttiva in base alle conoscenze che si hanno dell'altro.
-Usciamo stasera? -
-Non mi va, preferisco guardare un film. -

-Viene anche Lisa. -

-Allora vengo. -

Questo genere di comunicazione si può riscontrare spesso nella comunicazione di massa, che in tal modo viene percepita come meno formale e più divertente. Ci troviamo di fronte ad una "comunicazione ostensivo-inferenziale"[9], che cambia l'ambiente cognitivo di un destinatario per suscitare una conseguenza. Inoltre, nello scambio tra le parti non va sottovalutato il lavoro del destinatario, poiché egli non si limita a decifrare il messaggio, ma anzi è parte del processo comunicativo.

1.3 Un approccio pragmatico: le massime di Paul Grice

L'approccio pragmatico al linguaggio e alla comunicazione umana si è occupato essenzialmente dell'interazione tra parlanti in rapporto al contesto della comunicazione. **Charles W. Morris** per primo ha indagato e impostato questa "scienza della relazione dei segni con i loro interpreti" [10]. In sostanza, la pragmatica rappresenta lo studio di ciò che viene detto in dipendenza dal contesto in cui viene detto e agli effetti che produce. Quando un emittente invia un messaggio e il destinatario lo comprende senza fraintendimenti, la comunicazione è andata a buon fine. A formalizzare i criteri

---

[9] Sperber, D., Wilson, D., 1986, Relevance: Communication and Cognition, Harvard University Press, Cambridge (Mass) (trad. it., La pertinenza, Anabasi, Milano1993). Sperber & Wilson 1986, trad. it. p. 86

[10] Signification and significance. A study of the relations of signs and values, Mit Press, Cambridge (MA) 1964

di interpretazione essenziali perché avvenga una comunicazione logica e pertinente ci pensa nel 1967 il filosofo inglese Paul Grice[11]. La conversazione è per Grice un'attività linguistica governata dal "principio di cooperazione" secondo il quale i partecipanti si sentono obbligati a dare un loro contributo, affinché la conversazione sia efficace e comprensibile. Il principio di cooperazione si declina nelle massime conversazionali della Quantità, della Qualità, della Relazione e del Modo. Tali regole cercano di soddisfare le aspettative reciproche degli interlocutori, nello scambio di informazione.[12] La pragmatica è interessata al modo in cui si forma la comunicazione, perché per comunicare in modo efficace e comprensibile si seguono delle regole che possono essere di cortesia o di etichetta, e tra questi Grice individua: (i) Massima della quantità: fornire la giusta quantità di informazioni per soddisfare le esigenze del destinatario. (ii) Massima della qualità: fornire informazioni che siano vere. (iii) Massima della relazione: essere pertinenti, fornire informazioni che siano rilevanti. (iv) Massima del modo: essere perspicui, fornire informazioni in un modo chiaro, non ambiguo. Queste massime aiutano a comprendere come la comunicazione umana sia influenzata da una serie di fattori sociali, culturali e linguistici, e come questi fattori possano avere un impatto sulla comprensibilità e l'efficacia della comunicazione. Esse possono anche essere

---

[11] Grice, H. P. (1975). Logic and Conversation. In P. Cole, & J. L. Morgan. (Eds.), Syntax and Semantics, Vol. 3, Speech Acts (pp. 41-58). New York: Academic Press. (P. Grice, Logica e conversazione (1989), trad. it. di G. Moro, il Mulino, Bologna, 1993)
[12] Grice 1975, 2003: 229-230

trasgredite, ma in questo caso il soggetto parlante tenterà di riportare questa trasgressione nel "principio di cooperazione" suggerendo qualcosa che va al di là del significato esplicito delle parole usate. Va comunque ribadito che non è obbligatorio rispettare necessariamente queste massime, anzi quasi mai le si rispetta; è opportuno osservarle se si vuole razionalizzare la comunicazione o una conversazione. Insomma, le massime conversazionali standard non sono «qualcosa che di fatto tutti seguono, bensì qualcosa che è ragionevole seguire, da cui non dovremmo discostarci»[13], se vogliamo che la comunicazione sia ottimale.

1.4 Il modello semiotico informazionale

Una variante interessante dei modelli che abbiamo visto è quella sviluppata da Umberto Eco e Paolo Fabbri[14], che non prevede più il ricevente come passivo, ma gli riconosce l'abilità comunicativa di trasformare i contenuti. Come abbiamo visto la teoria dell'informazione, che concepiva la comunicazione come trasferimento di messaggi da una fonte a un'altra aveva avuto un certo successo. In questi anni, partendo dal modello di Shannon e Weaver e dagli studi di Jakobson sulle funzioni del linguaggio, Eco formula una prima teoria semiologica basata sul concetto di codice e concentrandosi sui destinatari delle comunicazioni di massa e sulle loro attività di decodifica.[15] Nel 1973 Paolo Fabbri

---

[13] Ivi, pp. 60-61.

[14] Eco U., Fabbri P. 1978 Progetto di ricerca sull'utilizzazione dell'informazione ambientale, "Problemi dell'informazione", 4.

[15] U. Eco La struttura assente, Introduzione alla ricerca semiologica Bompiani 1968

pubblica un saggio[16] in cui sostiene che non c'è un emittente unico che si rivolge a una massa indifferenziata, ma ci sono classi diverse di riceventi che procedono a un trattamento differenziato dei discorsi. Insieme ad Eco getta le basi per una ricerca semiotica sulla comunicazione dei mass media. Analizzando le trasmissioni televisive come fatti comunicativi, Eco sottolinea come il messaggio televisivo venga concepito come un sistema di segni (un sistema di significanti collegati a un sistema di significati). Cercando di analizzare cosa i riceventi effettivamente comprendono, Eco si sofferma sulle possibili interpretazioni devianti rispetto alle intenzioni dell'emittente e le definisce "decodifiche aberranti": accade che i riceventi non riescano a interpretare correttamente un messaggio perché non posseggono o non applicano il codice adeguato. Dunque, se l'emittente codifica il messaggio in base a un proprio quadro di riferimento culturale, il ricevente decodifica il messaggio sulla base del proprio quadro di riferimento culturale. I due poli della comunicazione, emittente e ricevente, hanno due quadri culturali di riferimento che si confrontano e si scontrano nello spazio della comunicazione. È questo spazio di comunicazione che l'indagine semiologica deve analizzare, lasciando poi ad altre metodologie di ricerca l'analisi della ricezione dei messaggi. Nel modello semiotico- informazionale si passa da una comunicazione come trasferimento di informazione a una comunicazione come trasformazione da un sistema all'altro. Nella comunicazione di tale modello entra in gioco il grado in cui emittente e destinatario condividono le competenze relative ai

---

[16] P. Fabbri Le comunicazioni di massa in Italia: sguardo semiotico e malocchio della sociologia a cura di Gianfranco Marrone - Luca Sossella Editore, 2018

livelli che fondano la significazione del messaggio. Non basta la codifica e la decodifica. Il destinatario utilizzando determinati codici assegna al messaggio un significato che può avere molti sensi possibili, perché intervengono fattori semantici in un continuo processo di riconoscimento, di attribuzione, di contrattazione di senso. La comunicazione è vista come una continua negoziazione, uno spazio semiotico aperto in cui una molteplicità di codici vengono influenzati dal contesto sociale e culturale. In quanto capace di costruire e veicolare significati la comunicazione diventa oggetto di interesse della semiotica che si concentra sulla sostanza espressiva attraverso cui i segni sono comunicati.

1.4.1 Il modello semiotico-testuale

A differenza di quello semiotico-informazionale, il modello semiotico-testuale descrive in termini semiotici alcuni tratti strutturali specifici della comunicazione di massa. Gli studi attuali sull'intelligenza artificiale ci dimostrano che non basta possedere un buon vocabolario per comprendere un messaggio, ma sono necessarie delle conoscenze del mondo, delle pratiche sociali, una specie di enciclopedia che metta in grado di comprendere il tema intorno a cui si svolge un discorso per cogliere il significato complessivo. Questo modello, soprattutto nella comunicazione di massa, dove i destinatari non ricevono singoli messaggi ma insiemi di pratiche testuali, individua il modo in cui un dato strutturale diventa meccanismo comunicativo. Volendo superare i limiti dei modelli di comunicazione precedenti e spostando l'interesse sul modo di comunicare con gli altri, ci si rende conto che la nostra comunicazione non si svolge a livello di semplice segno o di frase isolata, ma avviene tramite frasi connesse tra loro a formare un testo o discorso. Il testo diventerebbe in questo caso l'unità fondamentale della lingua con cui l'uomo riesce a comunicare; si tratterebbe chiaramente di una nozione di testo non intesa in maniera rigida, ma come una serie di fenomeni.

2. Un approccio semiotico al concetto di "testo"

In relazione al testo, diverse sono le teorie utilizzate per analizzare la comunicazione e la rappresentazione delle informazioni. Il concetto di testo è stato sviluppato in molte direzioni, dalla semiotica dei testi letterari alla semiotica dei media e delle immagini; viene considerato testo un sistema simbolico che rappresenta un modo per la comunicazione umana di trasmettere informazioni, opinioni e idee. Sui criteri che un testo deve soddisfare per essere tale, molteplici sono i punti di vista. In generale si può affermare che un oggetto semiotico multimediale o verbale, o un evento sono considerati "testo", se questo oggetto o questo evento sono in grado di soddisfare un'intenzione comunicativa in una situazione comunicativa reale o presunta. Ciò ha modificato profondamente lo studio della comunicazione e i tradizionali settori di ricerca creando un rapporto interdisciplinare più stretto fra le varie scienze (linguistica, filosofia, semiotica, filologia, psicologia, sociologia, logica, scienze cognitive, ecc.).

2.1 Per una definizione di testo

La nozione di testo contiene in sé, per etimologia, i concetti di tessuto, trama, ordito, intreccio. "Testo" deriva dal lat. *textum - i o textus -us*, rispettivam. part. pass. neutro e der. di *texĕre* "tessere"ed è inteso come un sistema di interdipendenze che richiama i meccanismi di coesione su cui si basa una struttura testuale. Soffermandosi brevemente sulle definizioni di testo riportate dai maggiori dizionari della lingua italiana, si scopre che nel linguaggio comune il termine "testo" ha un significato ampio e generico di solito concepito come un enunciato o un insieme di enunciati che compongono un'esposizione orale o scritta.

Testo[17]:

1 Complesso di parole scritte o stampate secondo un tessuto logico e grammaticale, che costituiscono il contenuto di un documento, di un'opera, di uno stampato e sim.: il t. di un contratto, di una lettera, del libro, del romanzo; un t. chiaro, oscuro, corretto, sgrammaticato; t. manoscritto, stampato, a stampa, dattiloscritto; t. autentico, alterato

...

3 Opera letteraria, storica, scientifica particolarmente autorevole e significativa, spec. rara o antica: una collezione di testi classici, greci e latini; le opere di Dostoevskij sono tra i maggiori testi della letteratura ottocentesca

4 FILOL Oggetto fondamentale di studio del filologo, in quanto risultato della trasmissione scritta di un'opera. Critica del testo o testuale, attività di studio e di indagine filologica, consistente nell'analisi delle alterazioni e delle manomissioni subite nel tempo da un testo, che conduce al testo critico di un'opera, ovvero alla fissazione dell'enunciato linguistico che si ritiene il più vicino alle intenzioni dell'autore

5 LING Enunciato linguistico, scritto o parlato, che è oggetto di analisi

6 MUS Parole, di solito in versi, a cui sono adattate le note musicali, il recitativo di un oratorio e simili.

Come si può vedere il sostantivo "testo" viene definito come un insieme di parole che compongono uno scritto, un discorso, un'opera letteraria; un documento organizzato in modo coerente, che affronta un argomento specifico oppure le parole di un brano musicale. È evidente, dall'esempio sopra indicato,

---

[17] Dal Grande Dizionario di lingua italiana di Aldo Gabrielli ed. Hoepli

che il testo nel senso comune sia considerato in forma scritta, presupponendo così una rigidità nella significazione. Solo se ci trasferiamo sul web e facciamo una ricerca su Wikipedia, scopriamo con un certo stupore che una definizione di testo più moderna esiste e inizia a rompere gli argini della tradizione linguistica: *Il testo è un sistema in cui sono messe in relazione unità di contenuto, cui vengono attribuite forme differenti (secondo i codici e i linguaggi adoperati) e di grandezza variabile* [18]. Ed ecco che, da un uso quasi esclusivamente indicato come sinonimo di qualcosa che ha una base scritta, questa nozione di testo ci avvicina a quello che in semiotica diventa concetto: un concetto di segni simbolici organizzati per creare significato e comunicare informazioni. Un sistema significante costituito dalla correlazione tra espressione e contenuto, di grandezza variabile che può avere forma di enunciato, un romanzo, un disegno, un film, uno spot pubblicitario ecc.

2.2 Gli studi scientifici sulla testualità

La semiotica moderna colloca la sua origine tra la fine dell'Ottocento e i primi decenni del Novecento, con riferimento fondamentale ai due grandi studiosi fondatori, **Charles Sanders Peirce** (1839-1914)[19] negli Stati Uniti e **Ferdinand de Saussure** (1857-1913) in Europa. Ferdinand de Saussure, è stato il primo ad analizzare il segno linguistico, per lui la forma semiotica è l'unione inscindibile tra significante e significato. Per Peirce un

---

[18] https://it.wikipedia.org/wiki/Testo
[19] I suoi testi semiotici figurano tutti in *Collected Papers of Charles Sanders Peirce*: otto volumi, pubblicati dalla Harvard University Press, Cambridge (Ma) nel periodo 1931-1960.

segno è qualcosa che crea nella mente di un ricevente un segno equivalente. Costruisce pertanto l'immagine del triangolo semiotico, secondo cui ogni segno è costituito dal 1) significante, cioè l'aspetto materiale del segno, l'oggetto così come lo vediamo; 2) il significato cioè l'idea mentale che attribuiamo al significante; 3) il referente, ossia qualcosa che è esterno. Tra significante e referente il rapporto è mediato dal significato (l'interprete) senza il quale non si può fare il collegamento tra parola e oggetto. Entrambi gli studiosi sono considerati i pionieri della semiotica, ma Saussure con il suo "Cours de linguistique générale", uscito postumo nel 1916[20], apre una nuova epoca nella storia della linguistica. Fonda una disciplina intesa come scienza umana che definisce la semiologia, da *semeion* (in greco segno), come "la scienza che studia la vita dei segni nel quadro della vita sociale" [21]. Il significato di un segno non è determinato dalla sua relazione con un oggetto, ma piuttosto dalla sua relazione con gli altri segni all'interno di un sistema linguistico o culturale. Se la lingua è un sistema di segni confrontabile con altri sistemi di segni, che possono essere per esempio riti, costumi, altri codici particolari, allora è auspicabile una disciplina che sia una scienza generale dei segni, ossia la semiologia, di cui linguistica è solo una parte. Saussure la pensava come una disciplina capace di trovare un territorio comune a tutti i fenomeni di comunicazione per studiare ciò che di specifico ciascuna modalità comunicativa porta con sé. Dalla definizione

---

[20] A causa della sua morte prematura, Saussure non ha lasciato un'esposizione scritta del suo insegnamento. Il Corso di linguistica generale (Saussure 1916), che è considerato il suo testo di riferimento, è stato in realtà composto successivamente, sulla base degli appunti presi dai suoi studenti a lezione.
[21] Cours de linguistique générale (Saussure 1916: 26).

che Saussure propone della semiotica si arriva a una vera e propria disciplina alla quale dopo di lui molti altri teorici ne hanno contribuito allo sviluppo.

2.3 Modelli teorici per un'analisi del testo

Prima di proseguire in questo breve excursus che accennerà ad alcune importanti teorie che si sono susseguite dalla metà del XX secolo, ci preme segnalare a seguire due importanti definizioni di testo che hanno fatto la storia della semiotica.

Per "testo" si intende *"sia una catena di enunciati legati da vincoli di coerenza, sia gruppi di enunciati emessi contemporaneamente sulla base di più sistemi semiotici."*[22]

"Testo" è tutto ciò che è *"...circoscritto da limiti che lo definiscono come una totalità relativamente autonoma e rendono possibile la sua organizzazione strutturale."*[23]

Con **Cesare Segre**, filologo e semiologo (1928-2014) la nozione di testo "Parola di uso amplissimo, ma vago..."[24], finalmente inizia a sganciarsi dalla base scrittoria. Segre sottolinea come un testo inteso come supporto scritto, non sia necessariamente identificabile con il testo inteso come situazione storica come fatto sociale, poiché il filologo trascrivendo un testo, ne attua già una modifica. Di conseguenza esso risulterà frutto di una continua evoluzione. A partire dagli anni Settanta la semiotica

---

[22] Umberto Eco, Semiotica e filosofia del linguaggio, Torino, Einaudi, 1984: 64

[23] Jean-Marie Floch, Sémiotique, marketing et communication, 1990, trad. it. Semiotica, marketing e comunicazione, Milano, FrancoAngeli, 1992: 61

[24] C. Segre, Testo letterario, interpretazione, storia, in A. Asor Rosa (a cura di), Letteratura italiana. L'interpretazione, Torino, Einaudi, 1985.

non parla più di segno, ma di testo: non è più interesse di studio la singola parola, né la frase isolata da un contesto, ma il testo che si costituisce come il segno linguistico primario. Il focus si sposta sulla generazione dei testi e sulla loro interpretazione. Il testo viene concepito come un sistema simbolico che combina segni linguistici o visuali per creare un messaggio coerente e significativo. Questi segni appunto possono essere linguistici, visivi, sonori o anche combinazioni tra loro. L'interazione tra i segni presenti nel testo stesso e il contesto in cui il testo è stato prodotto e ricevuto produce un risultato di significazione.

Nel passaggio dallo studio dei segni a quello dei testi, un primo punto chiave di questo cambiamento di prospettiva si deve a **Roland Barthes** (1915-1980) saggista, linguista e semiologo francese. Barthes distingue tra "testo" e "opera": laddove "opera" corrisponde a un'opera letteraria con criteri ben definiti, il "testo" corrisponde a visioni diverse dello stesso oggetto, non si riconosce in un genere e al contrario mira a far sparire la sua riconoscibilità.[25]

Lo studio della narrazione (l'atto del raccontare) e della narratività (la struttura più profonda), da parte di **Propp**[26] e dei formalisti russi, si dedica alla ricerca di una forma soggiacente, al di là dell'espressione. Secondo questi studi un punto importante è l'idea che i racconti si presentino al lettore con una superficie significante sostenuta da una struttura profonda. Anche se apparentemente non sembra rispettare schemi narrativi, il testo

---

[25] G. Marrone L'invenzione del testo. Una nuova critica della cultura Laterza 2010 p.19 Cfr. Barthes "Dall'opera al testo" 1971 Revue d'Estétique (lo si trova in italiano nel volume postumo Il brusio della lingua)
[26] V. Propp La morfologia della fiaba 1928 trad. it. a cura di G. L. Bravo per Einaudi 1966

ha una sua articolazione unitaria di senso (descrive, argomenta, convince) e ciò che va ricercato è proprio quello che è l'aspetto più profondo e che rimane costante in tutte le narrazioni. L'emancipazione dal modello di testo scritto superficiale permette di studiare qualsiasi fenomeno sociale. Anche l'ermeneutica, la disciplina che interpreta antichi testi e documenti, ci dà il suo punto di vista in questa via verso l'emancipazione. Se il testo è una manifestazione scritta che viene tramandata da una cultura e diventa quindi risultato di una serie di procedure affettive, cognitive, logiche, ne deriva che una tradizione culturale consolidata può istituzionalizzarsi nei testi, cioè si attesta.

Partendo dai formalisti, **Jurij M. Lotman**, storico e semiologo russo, sostiene che un testo prodotto dalla cultura e uno usato come modello di analisi semiotica non siano necessariamente diversi l'uno dall'altro, per esempio una città può essere utile per comprendere un testo poetico. Questo per la semplice ragione che il testo non rappresenta il mondo, ma fa parte del mondo stesso e agisce al suo interno. L'unica cosa fondamentale è che i testi siano attestati, cioè esistenti e non prodotti intenzionalmente per essere analizzati. Traendo origine da una costruzione culturale, il testo varia a seconda delle condizioni, storiche, sociali. "In ogni singolo testo", scrive Lotman, "è racchiusa tutta la cultura e la cultura nel suo insieme può essere considerata come testo"[27]

Un contributo alla nozione di testo va riconosciuto anche ad antropologi come **Lévi-Strauss** o **Clifford Geertz** che hanno

---

[27] J. Lotman, La cultura e l'esplosione. Prevedibilità e imprevedibilità (Kul'tura i vzryv), Milano, Feltrinelli, 1993 (1992), qui 99.

offerto il loro punto di vista sul concetto di testo[28]. Lévi-Strauss sostiene che il testo, alla stregua di un oggetto, può essere un artefatto qualsiasi ritrovato da un archeologo, (come per esempio un oggetto di terracotta) e fa emergere il suo significato, perché risultato di un processo traduttivo, che avviene tra il sistema di codici di chi l'ha creato e il ricercatore che lo analizza e lo studia. Anche per Geertz, studioso di antropologia interpretativa, la cultura è doppia interpretazione: la prima da parte dello stesso indigeno, che dà un senso sociale ai propri comportamenti e a quelli degli altri e la seconda da parte dell'antropologo, che interpreta i segni che a sua volta già l'indigeno aveva interpretato. Bisogna attendere la sociosemiotica perché la nozione di testo passi dall'ambito linguistico- letterario a quello più comunicativo, sociale e culturale, rendendo il testo un modello per studiare fenomeni semiotici di qualsiasi tipo, dai film alle trasmissioni televisive, dalle campagne pubblicitarie alla propaganda politica, alle esperienze di senso, ricostruendo una testualità implicita.

Per quanto fosse molto forte l'attenzione per il sociale, per i mass media e per la dimensione culturale e politica, il modello teorico che domina in semiotica nei primi anni Settanta è quello elaborato e proposto da **Algirdas Julien Greimas** (1917-1992). I metodi di ricerca e i riferimenti culturali di Greimas sono sempre stati più attinenti alla filosofia che alle scienze sociali. La teoria greimasiana è una delle più diffuse e utili per l'analisi semiotica dei testi. Greimas considera i testi come dei filtri, tramite i quali gli uomini accedono a un senso che li precede e cercano di

---

[28] G. Marrone L'invenzione del testo. Una nuova critica della cultura Laterza 2010 p.56-60

coglierne a loro volta un altro senso[29]. L'obiettivo è quello di studiare il testo come un sistema fatto da più livelli collegati fra loro dove gli elementi più profondi generali costruiscono gli elementi più complessi in superficie. Greimas crea uno strumento che ci permette di capire come si costruiscono i concetti alla base dei testi spiegando che si può esplicitare e motivare il senso di un testo, non globalmente, ma per livelli: si parte da quello più superficiale con cui entriamo in contatto, il testo propriamente detto (con le sue parole, i suoi colori, il testo visivo), per arrivare a quello più profondo (i valori fondamentali di cui si parla). Questi livelli si organizzano in quello che lui chiama "percorso generativo del senso", che rappresenta la progressiva fuoriuscita del senso del testo dai livelli più profondi e astratti a quelli più superficiali. Le strutture più profonde sono quelle che contengono i valori e i significati fondamentali su cui si basa il testo e che verranno poi rappresentati da elementi più concreti nei livelli successivi. Greimas chiama queste strutture "strutture semio-narrative". Quello delle strutture semio-narrative profonde è il livello più astratto, dove abbiamo i valori e i contenuti fondamentali di cui parla il testo. Attraverso queste strutture narrative si può trasformare il discorso in enunciato e spiegare qualsiasi fenomeno costruendo una vera e propria grammatica narrativa del testo. Con lo studio del percorso generativo del senso lo studioso lituano ci porta a cambiare focus da segno a testo, su come sia strutturato dagli elementi più generali a quelli più specifici. Nell'analisi del testo è necessario tralasciare l'analisi dell'espressione e analizzare la generazione

---

[29] Algirdas Greimas, Del senso, Bompiani, Milano 1974
Algirdas Greimas Del senso 2. Narrativa, modalità, passioni, Bompiani, Milano 1985.

del senso nei livelli più profondi del loro contenuto che è ciò che più li accomuna. Quando il percorso generativo di senso si manifesta ogni significazione umana o porzione di realtà può essere analizzata; per questo lo slogan di Greimas era "hors du texte pas de salut" trad. "fuori dal testo non c'è salvezza"[30]: l'uomo dà ai testi significato per rendere il mondo più vivibile. La semiotica "generativa" di Greimas tenta in sostanza di spiegare perché un testo ha il senso che ha e a questo scopo propone un insieme di strumenti concettuali che possono essere usati nell'analisi di un testo. Per Greimas la significazione è un processo dinamico che dipende dalla relazione tra il segnale e il contesto. La comprensione di un segnale è influenzata dalla conoscenza e dall'esperienza del destinatario, ne deriva che lo stesso significato può essere differente a seconda della persona che lo riceve. Ecco perché il concetto di "imperfezione" è un'idea importante nella teoria semiotica. Greimas sosteneva che l'imperfezione è una caratteristica intrinseca della significazione, poiché la significazione stessa è sempre in qualche modo incompleta, è influenzata dall'ambiguità e dalla indeterminatezza intrinseche al linguaggio e alla cultura. E poiché per qualsiasi segno, più di una interpretazione è possibile, la scelta dipende dal contesto e dalla conoscenza del destinatario.

2.4 Sociosemiotica del testo

Nell'ultimo scorcio degli anni Settanta comincia a circolare in modo significativo il termine nuovo di "sociosemiotica". Tale termine è entrato nell'uso abituale di "attenzione per la

---

[30] G. Marrone L'invenzione del testo. Una nuova critica della cultura Laterza 2010 p. 44

dimensione sociale" nella seconda parte degli anni Novanta. Nella prospettiva sociosemiotica i testi non sono più realtà ontologiche, ma fenomeni culturali che, pur non avendo le forme di un tradizionale testo scritto, possono tuttavia mostrare proprietà e caratteristiche simili. Spot pubblicitari, trasmissioni televisive, una canzone, un quadro, un videoclip, un balletto, un sito web, un film, ma anche conversazioni, strategie di marketing, immagini, edifici e intere città vengono studiati come modelli per la comprensione di fenomeni umani, sociali, culturali e storici. Per la sociosemiotica, qualsiasi materia del mondo diventerà portatrice di contenuti umani e sociali[31].

2.4.1 L'incontro tra testo e lettore

Contemporaneamente negli ultimi decenni anche il legame tra testo e lettore è stato ampiamente esplorato. Umberto Eco, filosofo e semiotico noto per le sue teorie sul testo e la comunicazione, a proposito di testo, mette in gioco le conoscenze e le aspettative di chi si approccia al testo. Nella visione di Umberto Eco *"un testo si distingue da altri tipi di espressione per una sua maggiore complessità. E motivo principale della sua complessità è proprio il fatto che esso è intessuto di non-detto. "Non-detto" significa non manifestato in superficie, a livello di espressione: ma è appunto un non-detto che deve venir attualizzato a livello di attualizzazione del contenuto...a questo proposito un testo, più decisamente di ogni altro messaggio, richiede movimenti cooperativi attivi e coscienti*

---

[31] G. Marrone L'invenzione del testo. Una nuova critica della cultura Laterza 2010

da parte del lettore."[32]. Il significato di un testo non è fisso e unico, ma il risultato dell'interazione tra il testo stesso e il lettore. Di conseguenza le diverse interpretazioni possono variare in base al contesto culturale, al tempo e alle esperienze del lettore. Inoltre, Eco è uno degli studiosi che più di tutti ha preso le difese della definizione di "testo" come un rinvio a forme espressive di qualsiasi genere: un testo si modifica e si adatta a materie diverse che a loro volta conducono a diverse interpretazioni. In sostanza, dice Umberto Eco, il testo è una macchina pigra piena di buchi, in attesa che il lettore li riempia di significato. Al di là della sua forma un testo si palesa e diventa fruibile solo nel suo incontro con un destinatario. Autore e lettore, non comunicando direttamente, si fanno un'idea astratta l'uno dell'altro. In semiotica queste figure sono chiamate Lettore modello e Autore modello il cui rapporto dà l'avvio a un processo di negoziazione. L'incontro tra lettore e testo è uno scegliersi reciproco in cui l'apporto da parte del lettore diventa lavoro di interpretazione con aggiunta di aspettative conoscenze pregresse nonché gusti e interessi. Dal momento in cui ne si cattura l'attenzione fino al momento del suo coinvolgimento, l'interesse del lettore aumenta sempre più attivando schemi cognitivi che gli permetteranno di comprendere contenuti sia impliciti che espliciti e facendone emergere i significati. Il lettore modello è un lettore ideale che possiede stessi codici e competenze dell'autore e per questo ne comprende le intenzioni leggendo il testo così come è stato progettato per essere letto. Da parte sua l'autore mette in atto delle strategie che parlano al lettore con un certo linguaggio e facendo riferimento a certi codici e

---

[32] U. Eco Lector in fabula Bompiani 1979 (p.51)

enciclopedie che possano guidarlo nel processo di costruzione del senso del testo. Dunque, perché esista una comunicazione e non una semplice trasmissione di informazioni, è necessario interpretare e costruire dei significati. La comunicazione è polisemica, è l'incontro tra ciò che dice e quanto il ricevente è riuscito a comprendere. Tra l'autore e il lettore si crea una continua negoziazione di senso, dove l'uno chiede all'altro delle competenze necessarie per interpretare il testo, finché entrambi concordano in un "pansemiotismo" in cui qualsiasi cosa interpreta un'altra. E poiché caratteristica del testo è la biplanarità (cioè il fatto che operi su due piani, quello dell'espressione e quello del contenuto), è fondamentale la negoziazione. Ecco perché il testo "non è il libro fisicamente dato, ma ciò che emerge quando si legge tra parentesi". La presenza nel testo di altri testi, o rimandi che permettono di tradurre e interpretare, è ciò che Eco definisce "enciclopedia"[33] e Paolo Fabbri chiama "biglietti di invito"[34] sfide a cogliere il senso dove emerge. In Italia, uno studioso che ha contribuito alla diffusione della sociosemiotica è Gianfranco Marrone. Marrone definisce il testo come "un conglomerato di senso complesso e stratificato, coerente nelle sue varie parti e coeso come un tutto."[35]. Con il superamento della dicotomia tra analisi sociologica e analisi semiotica, linguaggio e società non si influenzano più reciprocamente, ma si tratta piuttosto di "comprendere i modi in cui la società entra in relazione con sé

---

[33] U. Eco, Semiotica e filosofia del linguaggio Einaudi 1984

[34] Paolo Fabbri, Biglietti d'invito per una semiotica marcata (a cura di G. Marrone) Bompiani 2021

[35] Gianfranco Marrone, Corpi sociali. processi comunicativi e semiotica del testo, 2001 Einaudi.

stessa, si pensa, si rappresenta, si riflette attraverso…"[36]. Una costruzione continua, reciproca, che crea le significazioni sociali. Società e cultura sono testi, ognuno di loro con un linguaggio specifico, si traducono a vicenda e, mediante questa operazione di traduzione, si costruiscono. E così anche la moda, la politica, l'economia, le nuove tecnologie sono testi che vengono raccontati da altri testi: i giornali, la Tv, la pubblicità ecc. Per esempio, il giornale, nel momento in cui rappresenta la politica, la influenza e la modifica in un gioco reciproco di relazioni in cui i fenomeni raccontati da testi vengono contemporaneamente costruiti.

---

[36] Corpi sociali 2001, ibid.: XVI

3. Mass Media e New Digital Media

3.1 Forme diverse di informazione.

Leggere di un evento sui giornali non è lo stesso che sentirlo sulla radio o vederlo in televisione. Vedere una copia JPEG di un Monet su Internet non è lo stesso che vederlo in una galleria d'arte. Le informazioni possono esistere sotto forma di immagini visive, parole pronunciate, parole scritte, simboli visivi, musica, suoni o codici acustici. Possiamo utilizzare diverse forme di comunicazione in diversi media o canali per trasmettere un medesimo messaggio concettuale. Possiamo comunicare il concetto di "giraffa" o di "mela" utilizzando lettere scritte a mano, una pittura, un cartone animato, un'immagine televisiva, un segnale in codice Morse o una parola pronunciata sulla radio. Tuttavia, i destinatari e gli spettatori riceverebbero il messaggio in modo diverso in ogni media. I cambiamenti avvenuti negli ultimi cento anni hanno trasformato il modo in cui percepiamo le cose, la velocità con cui le facciamo e le nostre aspettative. All'inizio del secolo, le comunicazioni a lunga distanza e la diffusione di eventi potevano richiedere settimane. Oggi, siamo in grado di visualizzare immagini o corrispondere con qualcuno praticamente da qualsiasi luogo nel mondo istantaneamente.

3.2 Storia sociale ed evoluzione della comunicazione.

In queste pagine ripercorriamo brevemente la storia e l'evoluzione dei mezzi di comunicazione fino ad arrivare ai tempi odierni. Tracciare una storia dei media vuol dire prendere in considerazione la dimensione storica della comunicazione diretta a un pubblico vasto e l'impatto sulle culture di tutto il mondo, le sue particolari forme e le dinamiche del cambiamento storico. Sebbene il termine "media" sia stato coniato solo negli anni '20, la storia dei media prende l'avvio già con la creazione di suoni, la loro modulazione, la gestualità le pitture murali che rappresentano già un'elaborazione di una società che comunicava nell'antichità e nella preistoria. Man mano che le tecnologie di comunicazione si evolvono, si sovrappongono poiché ognuna succede (o integra) l'altra. Gli esseri umani sono su questo pianeta da milioni di anni e nel corso delle varie epoche il modo in cui comunicano tra di loro è cambiato drasticamente. La comunicazione, come la conosciamo oggi, si è evoluta e ha attraversato diverse fasi. È possibile individuare cinque tappe fondamentali:

1. il linguaggio e la cultura orale
2. la scrittura e l'epoca dei manoscritti
3. l'invenzione della stampa
4. l'elettricità e la telecomunicazione
5. l'informatica e il digitale

Per generazioni, le pitture rupestri hanno fornito alle persone un modo per registrare costumi e tradizioni. è probabile che gli esseri umani primordiali non possedessero un linguaggio complesso, di conseguenza il loro modo di comunicare implicava l'uso di segni o gesti con le mani, la danza, i rumori, i suoni (tamburi, fischietti, suoni vocali come il grugnito ecc.). A causa di tali imperfezioni, gli uomini trovavano più facile comunicare attraverso i simboli. I pittogrammi che raffiguravano un oggetto, un'attività, un luogo si sono evoluti in ideogrammi, simboli grafici che rappresentavano un'idea e potevano trasmettere concetti più astratti. Queste forme di comunicazione erano vincolate dal tempo, erano temporanee e non potevano viaggiare molto lontano, (non come quelle odierne globali che lasciano una traccia). L'evoluzione della comunicazione a partire dalla modalità primaria della comunicazione orale, passando per l'invenzione della scrittura cuneiforme e per i geroglifici egiziani, fino all'alfabeto dei Fenici, subisce un salto di qualità nell'VIII secolo a.C. con la nascita dell'alfabeto greco. L'introduzione dell'alfabeto permette all'uomo di creare messaggi e inviarli a qualcun altro, dando così origine a un nuovo mezzo di comunicazione: la lettera. Nell'Impero Romano il servizio postale era già molto diffuso e si faceva largo uso di corrieri a cavallo che trasportavano messaggi lungo l'impero. In epoca medievale il servizio di posta non ebbe sviluppi e fu utilizzato solo da ricchi nobili o dalla chiesa. Papi e vescovi utilizzavano la scrittura epistolare come mezzo per aumentare e diffondere il potere religioso. La prima vera rivoluzione avviene nel 1456 quando Gutenberg inventa la stampa a caratteri mobili. A quel punto la comunicazione che fino ad allora era interpersonale o d'élite, diventa comunicazione di massa e la cultura si diffonde ovunque. L'invenzione di Gutenberg porta a un'organizzazione della scrittura e una composizione delle pagine. Gutenberg riuscì a pubblicare 430 edizioni della Bibbia, che finirono direttamente nelle mani della gente.

3.3 La nascita dei Mass Media

Per più di quattro secoli la stampa di Gutenberg è l'unico vero mezzo di comunicazione di massa: un'innovazione che permette alle notizie di circolare velocemente. Le innovazioni nello sviluppo delle ferrovie e i progressi nel campo dell'elettricità consentirono la nascita del secondo mezzo di comunicazione di massa: il telegrafo. Il telegrafo nella storia delle comunicazioni rappresenta la conquista dell'istantaneità comunicativa. Ma mentre oggi il telefono e il giornale rimangono componenti vitali della comunicazione, al contrario, il telegrafo, che è l'antenato di molte delle attuali tecnologie di comunicazione, è obsoleto, così come lo è ormai anche il fax. Se pensiamo che tra le prime forme di scrittura e la nascita dell'alfabeto latino passano circa cinquemila anni, e altrettanti ne passano dall'invenzione della scrittura a quella della stampa, è davvero stupefacente come tra l'invenzione della stampa e i media tecnologici non intercorrono neppure quattro secoli: il passaggio dal telegrafo al web richiede soltanto circa 150 anni. Dalla seconda metà dell'Ottocento i progressi della tecnologia hanno portato alla creazione di nuove soluzioni più creative: il telefono e il cinema hanno aperto a nuovi scenari nella storia della comunicazione. Il telefono in particolare è lo strumento che continua anche oggi ad offrirci la possibilità di comunicare in modalità "a uno a uno": un emittente, un ricevente. La vera esplosione avviene però nel Novecento. Negli anni Trenta, in una società che stava cambiando profondamente, le innovazioni nei primi mezzi di comunicazione di massa offrono enormi possibilità di progresso in ambito comunicativo: è questo il secolo della radio, poi della televisione e infine di Internet. L'introduzione di questi media ha avuto un impatto travolgente sulle abitudini quotidiane delle persone. Nel 1925 viene mandata in onda la prima trasmissione televisiva che riesce a raggiungere i 10 km di distanza. Quattro anni dopo, nel 1929 negli Stati Uniti nascono ben 18 stazioni televisive. Il nuovo medium consente alle compagnie televisive di comunicare su vasta scala, con l'uso delle immagini e per ben sessanta anni la televisione s'imporrà come fondamentale mezzo di comunicazione di massa del Novecento. Nel 1984 la Motorola introduce il primo telefono portatile, e nel 1992 i primi SMS danno agli utenti la possibilità di digitare e inviare messaggi tramite telefono. E se nel 2000 un utente inviava in media circa 35 messaggi al mese, adesso si viaggia su una media di 72 messaggi al giorno. Con l'arrivo di internet nel 1983 i primi computer hanno accesso al World Wide Web e da qui si aprirà una vasta gamma di soluzioni di comunicazione online che arriva fino ai nostri giorni e che con l'arrivo dell'Intelligenza artificiale porta già nuove sfide per il futuro. Dalla e-mail ai social media, dalle chat room a WhatsApp la comunicazione non è mai stata così facile e rapida.

3.4 I new media: un po' di numeri

Più o meno a metà degli anni Novanta, dopo la nascita del web (fra il 1991 e il 1992) con la diffusione di Internet nei Paesi occidentali, l'espressione "new media" inizia a circolare nell'ambito della ricerca e non solo, per riferirsi agli strumenti digitali e alle reti informatiche usati come mezzi di comunicazione di massa. Il ventesimo secolo ha visto enormi cambiamenti, ma probabilmente nessuno così rapido e completo come la rivoluzione delle tecnologie di comunicazione. Oggi comunicare è più che mai semplice, veloce e affidabile. Il sociologo Manuel Castells in una sua celebre affermazione descrisse così la velocità con cui i mass media si sono diffusi: «negli Stati Uniti la radio ha impiegato trent'anni per raggiungere sessanta milioni di persone, la televisione ha raggiunto questo livello di diffusione in quindici anni; internet lo ha fatto in soli tre anni dalla nascita del world wide web»[37](Castells 1996; trad. it. P. 382). Ogni minuto vengono inviati 210 milioni di e-mail, 15,2 milioni di messaggi di testo, 350.000 tweet. Tra il 1993 e il 2009 gli utenti internet nel mondo sono aumentati da circa 10 milioni a oltre 1,8 miliardi. Nonostante i progressi delle nuove tecnologie, la televisione raccoglie ancora più della metà del totale dei profitti pubblicitari mondiali. Il mondo online continua a crescere a livelli vertiginosi, ancora più alti rispetto al periodo pre-pandemico. Una ricerca realizzata da Wearesocial rivela che gli italiani connessi a Internet sono ormai 51 milioni (su una popolazione di circa 60 milioni) e sono aumentati dell'1,7% rispetto all'anno precedente.[38] I due grafici riportati in Fig.4 ci mostrano un report globale su una popolazione mondiale di 7,91 miliardi di persone a Gennaio 2022.

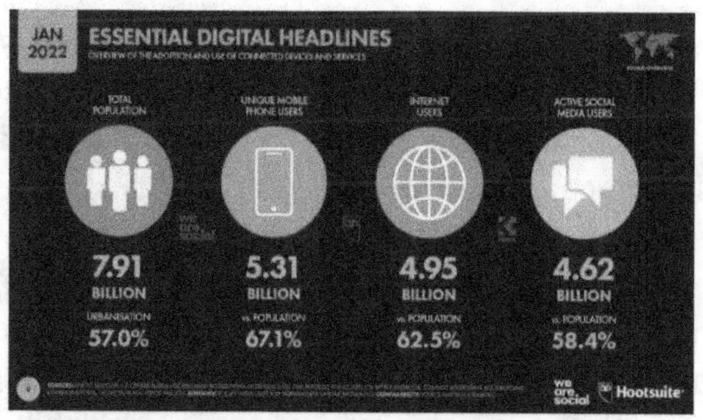

---

[37] M. Castells (1996) The Rise of Network Society, New York; trad. it. *La nascita della società in rete*, Milano 2002.

[38] https://wearesocial.com/it/blog/2022/02/digital-2022-i-dati-italiani/

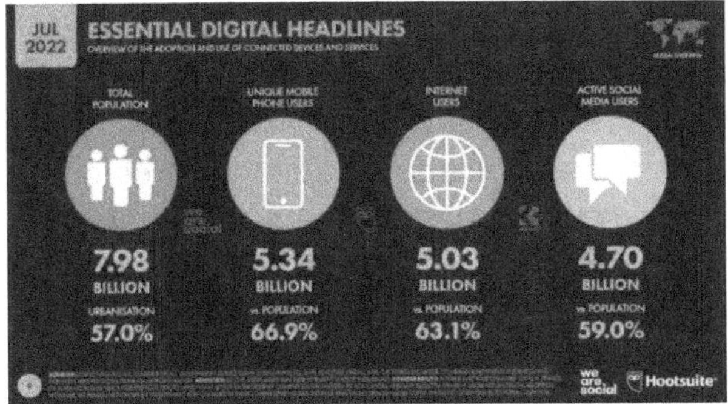

Figura 4 Report globale sul digitale: confronto gennaio – luglio 2022

Oltre 2 persone su 3 (67,1%) utilizzano un telefono cellulare, vale a dire circa 5,3 miliardi

Quasi 2 persone su 3 accedono ad internet (62,5%, 4,95 miliardi di persone).

Sono 4,62 miliardi le persone che utilizzano le piattaforme social, circa il 58,4% della popolazione mondiale. Notevole la crescita se confrontiamo la prima tabella con la seconda aggiornata a Luglio 2022. Facebook, rimane la piattaforma più utilizzata al mondo tra i social network, superando i 2,90 miliardi, circa il 36% della popolazione mondiale.[39]

3.5 Effetti dei media: strumenti di persuasione

Dall'inizio del secolo scorso ci si interroga sui possibili effetti dei media sulle masse sia in senso negativo sia positivo. Nel corso degli anni studi e ricerche sugli effetti causati dai media ancora

---

[39] https://wearesocial.com/it/blog/2022/01/digital-2022-i-dati-globali/

oggi dividono gli esperti, così come li ha definiti Umberto Eco, in *"apocalittici"* (che vedono la tecnologia come una minaccia per la cultura e l'umanità perché temono che possa portare alla distruzione dell'arte, della letteratura e delle tradizioni culturali, e che la società possa diventare disumanizzata) e *"integrati"* (che credono che la tecnologia sia necessaria nella società moderna e possa migliorare la vita e quindi cercano di adattarsi e di utilizzarla per il progresso e il benessere della società)[40]. I mass media possono essere utilizzati come strumenti per manipolare l'opinione pubblica, spingendo le persone ad adottare posizioni specifiche su questioni politiche, sociali o culturali. Tramite i media è possibile persuadere le masse con ideologie politiche o religiose specifiche, influenzando le loro opinioni e comportamenti. Inoltre, possono creare nuovi bisogni e desideri attraverso la pubblicità e la promozione dei prodotti, spingendo le persone a consumare sempre di più. Nella prima metà del Novecento l'avvento di stampa, radio, cinema, televisione, media controllati dai governi o nelle mani di grandi organizzazioni commerciali si è accompagnato a nuovi studi e ricerche psicologiche e sociologiche sui comportamenti umani. Questo connubio non solo ha contribuito all'indottrinamento e all'aumento dei bisogni nella società dei consumi, ma ha anche mutato il concetto di verità. Prevale in questo periodo una concezione della massa manipolabile e portatrice di una sorta di istinto di sottomissione, come teorizzato dalla cosiddetta «psicologia delle folle» che vede in Le Bon [41] uno dei massimi esponenti. Da qui una visione apocalittica dei media, strumenti

---

[40] U. Eco, Apocalittici e integrati 2001 Bompiani

[41] G. Le Bon, La psychologie des foules, Alcan, Paris 1895. (tr. it. Psicologia delle folle, Longanesi, Milano 1980)

in grado di manipolare e piegare le menti che contribuisce al successo e alla diffusione della cosiddetta "teoria ipodermica"[42]. Bisogna anche precisare che il significato del termine "massa" si riferisce a persone che vivono in grandi aggregazioni, collegate tra loro attraverso una serie di istituzioni e strutture sociali, come il governo, l'industria, i media e le organizzazioni religiose. La teoria ipodermica considera il pubblico appunto una massa di individui che si trovano in una condizione di isolamento fisico, sociale e culturale; su questa massa i media agiscono come potenti fattori di persuasione, si introducono all'interno degli individui come un "ago ipodermico" per veicolare nello stesso modo messaggi che una volta ricevuti hanno un effetto diretto e immediato sugli individui, in modo simile all'iniezione di un farmaco. L'individuo nella società di massa è spesso anonimo e alienato "ciascun individuo è un atomo isolato, il quale reagisce da solo agli ordini e alle suggestioni esercitati dai mezzi di comunicazione di massa".[43] Potremmo anche dire che i messaggi dei media verrebbero "sparati" come proiettili sul pubblico che viene colpito in modo passivo e indiscriminato, senza possibilità di reazione o resistenza (Bullet theory). Queste teorie si sono sviluppate negli anni '40 e '50, quando si riteneva che i media avessero un impatto particolarmente forte e negativo sulla società. Tuttavia, nel corso degli anni, altre teorie della comunicazione di massa mettono in evidenza la complessità e la diversità delle risposte degli individui ai messaggi mediatici, a seconda del loro contesto culturale, sociale e personale. Una delle teorie moderne sviluppata negli anni 1970 da Elisabeth

---

[42]H. D. Lasswell, Propaganda technique in the world war 1927
[43] A. Berger, (1995), Essentials of Mass Communication Theory. Sage, London.

Noelle Neumann [44] è la tesi della "spirale del silenzio". Partendo dal presupposto che i media abbiano un notevole effetto di persuasione sull'opinione pubblica, la persona singola è disincentivata dall'esprimere apertamente un'opinione che sente contraria all'opinione della maggioranza, probabilmente per una sorta di timore del giudizio e paura di essere isolata dagli altri. Questo fa sì che la persona si chiuda in una condizione di silenzio facendole aumentare la percezione che l'opinione della maggioranza (non necessariamente vera) sia più accettata e plausibile. Sfruttando la paura dell'isolamento, i media offrono una rappresentazione del clima di opinione e finiscono per modificare le tendenze dell'opinione pubblica. Quando i mass media assumono un orientamento comune su importanti temi di dibattito pubblico allora tale orientamento finisce per apparire come dominante nell'opinione pubblica, a prescindere dal fatto che lo sia realmente. Per questo la teoria dell'Agenda Setting rientra nelle Teorie dei Powerful Media, sviluppatesi intorno alla fine degli anni '60 del secolo scorso. "L'ipotesi dell'agenda setting non sostiene che i media cercano di persuadere [...]; i media descrivendo e precisando la realtà esterna presentano al pubblico una lista di ciò intorno a cui avere un'opinione e discutere. L'assunto fondamentale dell'agenda setting è che la comprensione che la gente ha di gran parte della realtà sociale è mutuata dai media." (Shaw, 1976).[45] Ma dato che "la gente tende

---

[44] Noelle-Neumann E., 1974, The Spiral of Silence: A Theory of Public Opinion, "Journal of Communication", 24, pp. 43-51.Il testo "La Spirale del Silenzio", nel quale Noelle-Neumann illustra la sua idea del processo di opinione pubblica, fu pubblicato per la prima volta in Germania nel 1980.
[45] F. Shaw, "Agenda Setting and Mass Communication Theory", in Gazette (International Journal for Mass Communication Studies), n.2, 1979.

ad includere o escludere dalle proprie conoscenze ciò che i media includono od escludono dal proprio contenuto" (Shaw, 1979, p. 96) inevitabilmente si rischia di imbattersi in una post-verità, fenomeno che ha radici antiche e che oggi è parente stretto delle fake news. Una post-verità che ovviamente non viene verificata, dimostra che i fatti oggettivi sono meno influenti nel formare l'opinione pubblica di quanto non lo siano gli appelli all'emozione e alle credenze personali. La capacità di manipolare ha assunto nel corso del XX secolo delle forme socialmente organizzate poiché le caratteristiche psicologiche dell'uomo nella folla sono profondamente diverse da quelle del singolo: si attivano processi che si rafforzano per suggestione e contagio delle idee. Per questo motivo le folle non si fanno influenzare dalla ragione, ma da emozioni e associazioni di idee, concise e ripetute, senza prove e dimostrazioni. Studi dimostrano che poiché l'ambiente reale è troppo grande e sfuggente, la mente umana tende a semplificarlo. In quest'ottica, i mezzi di comunicazione traducono la complessità del mondo in un sistema di stereotipi, facendo emergere alcuni aspetti della realtà invece che altri. Per questo gli studi sull'organizzazione del lavoro giornalistico, delle emittenti televisive e delle nuove tecnologie della comunicazione si inscrivono all'interno di un filone di studi che ruotano intorno alla figura dell'emittente.

3.5.1 Il metodo Lasswell

Un approccio teorico utilizzato in comunicazione di massa che mira a comprendere il processo di comunicazione e il suo effetto sulla società è il modello di Lasswell. Harold Laswell nel 1948 ribadisce un assunto, cioè che l'iniziativa sia esclusivamente del comunicatore e che gli effetti siano esclusivamente sul pubblico. Secondo tale modello cinque domande fondamentali devono essere poste per comprendere il processo di comunicazione[46]:

COMUNICATORE	MESSAGGIO	MEZZO	RICEVENTE	EFFETTI
WHO	SAY WHAT	IN WICH CHANNEL	TO WHOM	WITH WHAT EFFECT
Studi sul controllo	Analisi del contenuto	Analisi dei media	Analisi dell'audience	Analisi degli effetti

Figura 5 il modello di Lasswell

In altre parole, il modello di Lasswell sostiene che ogni atto di comunicazione deve avere un mittente (chi), un messaggio (cosa viene detto), un destinatario (a chi viene detto), un canale di trasmissione (il mezzo utilizzato per la comunicazione) e un effetto (l'effetto della comunicazione sul destinatario).

Il modello di Lasswell è stato molto influente nella teoria della comunicazione di massa ed è stato utilizzato per analizzare e comprendere l'impatto dei media sulla società e sulle persone. Tuttavia, è stato criticato per la sua semplicità e per il fatto che non tiene conto di altri fattori importanti nella comunicazione, come il contesto sociale, culturale e politico. Questo metodo, basandosi sulle teorie comportamentiste, non prende in considerazione l'intenzionalità della comunicazione: più avanti si sottolineerà che la comunicazione non è diretta tra emittente e destinatario, ma esistono fasi intermedie di comprensione del

---

[46] Il modello prese il nome dopo essere diventato popolare nel 1948, in seguito alla pubblicazione di un articolo di Lasswell intitolato "La struttura e la funzione della comunicazione nella società".

messaggio, che non può essere assorbito in modo passivo dal ricevente.[47]

3.6 New media tra fake news e pluralismo

Oggi, si ritiene che i media abbiano un impatto significativo, ma complesso sulla società, e che le loro influenze dipendano da una serie di fattori interattivi. In tutte le teorie i media consentono agli individui di aumentare il loro grado di conoscenza, di cogliere le correnti di pensiero e gli atteggiamenti dominanti in un dato momento storico e di realizzare molti processi di socializzazione. Le teorie più recenti propongono un'idea di comunicazione circolare. Non cercano necessariamente di persuadere gli individui, ma offrono loro una lista di temi intorno ai quali pensare. Negli anni Ottanta-Novanta con il moltiplicarsi dei canali TV anche via satellite che precedono lo sviluppo dei media digitali, si moltiplicano le possibilità di scelta. Non si parla più pubblico di massa ma di audience differenziata, di una stratificazione di diverse conoscenze e competenze, di targhettizzazione e interattività. Il pubblico partecipa al progetto e la differenza tra informare e persuadere sbiadisce. Gli individui subiscono un *overload* informativo non unidirezionale, ma interattivo tra persone che scambiano contenuti. È difficile sottrarsi a un'esposizione casuale perché anche senza volere, si può incappare comunque in una notizia, un post di un amico, un prodotto comunicativo che non è il frutto di una specifica scelta.

---

[47] Marino Livolsi, Manuale di sociologia della comunicazione Editori Laterza 2022

La Piattaforma è il nuovo spazio pubblico di comunicazione, dove la società viene rimodellata YouTube, Facebook, Twitter, Instagram non sono semplici canali che diffondono contenuti informatici o di intrattenimento, ma assumono anche un ruolo editoriale che media conserva e distribuisce i contenuti degli individui utilizzando algoritmi e logiche di marketing, mescolando intrattenimento e divulgazione politica, affidabilità e credibilità del mezzo.[48] Criteri invisibili per gli utenti, tramite algoritmi, rendono visibili alcuni contenuti tracciando e personalizzando la navigazione su web dell'utente. Anche se volessimo evitare di esporci a qualche news che non ci interessa, non possiamo essere certi che un nostro amico sui social non condivida o non pubblichi un commento al riguardo, insomma, si deve tenere conto della dimensione della crossmedialità e dell'esposizione casuale con il rischio di entrare in contatto con *fake news* o *misinformation* attraverso i *bots* (abbreviazione di robot) applicazioni programmate che diffondono contenuti specifici rapidamente. Emergono dunque tre aspetti: conferma del potere dei media, rischio che i media possano essere controllati da soggetti antidemocratici, pluralismo dei soggetti e delle fonti di emissione, potenziale emancipativo dei media rispetto al loro potere di influenza, selettività/autonomia del pubblico. L'ambiente comunicativo rimane comunque ricco di conflitti ed emergono i rischi di post-verità e fake news. Nuovi protagonisti si affermano sulla scena che sono in grado di usare strumenti e tecniche di influenza meglio dei soggetti precedenti; la digitalizzazione ha portato con sé la voglia di partecipazione da parte di vasti strati della popolazione, che aspirano ad avere

---

[48] S. Bentivegna – G. Boccia Artieri, Le teorie delle comunicazioni di massa e la sfida digitale Editori Laterza 2011 p.171

voce. Tutti gli utenti su internet possono diventare emittenti, opinion leader e influencer. Chi si tiene aggiornato acquista ed è ritenuto dai new media un elemento positivo e importante, diventa oggetto di attenzione e ciò comporta un riconoscimento di appartenenza a una sfera di cui fanno parte individui con uno status più elevato. Per quanto riguarda i media informativi, sempre al centro di influenze e pressioni, tendono a perdere credibilità. Una ricerca dell'università di Urbino sulle fake news conferma che il problema non è la rete, ma la sfiducia verso i media tradizionali: gli intervistati dichiarano di aver maggiore fiducia nella capacità della rete di informare in modo "completo, accurato ed equilibrato" (62%) rispetto ai media tradizionali, quotidiani, tv e radio (49%).[49] Bisogna anche fare i conti con il fatto che le persone tendono ad esporsi in prevalenza alle fonti e ai messaggi considerate compatibili con la propria visione del mondo e benché Internet, con la sua piazza digitale rimetta in gioco media partecipativi, anche qui le comunità della rete si creano secondo un principio di autoselezione e di omofilia. Interessante a tal proposito il post di Marco Pratellesi su Agi.com intitolato "Credibilità del giornalismo, fake news e la giuria popolare di Facebook", riguardo alla decisione di Mark Zuckerberg, fondatore di Facebook, di demandare agli utenti la scelta di quali testate siano autorevoli e quali no. "Il "principe" di Facebook ha candidamente ammesso che non si sentiva a proprio agio nel dover discernere tra informazione seria e di qualità e fake news. Quindi meglio, molto meglio, affidare questo delicato compito alla community. Quando si dice il rimedio

---

[49] https://www.agi.it/blog-italia/marco-pratellesi/la_perdita_di_credibilit_del_giornalismo-2139459/post/2017-09-10/

peggiore del male: se il problema sono le fake news, l'informazione truffaldina, la propaganda politica che gli utenti diffondono sul social network, come può essere che questi stessi utenti siano arbitri di sé stessi? Come è possibile affidare loro il giudizio su quali testate siano autorevoli e quali fonti attendibili?"[50]

---

[50]https://www.agi.it/blog-italia/marco-pratellesi/facebook_fake_news_mark_zuckerberg_giornalismo-3395184/post/2018-01-21/

4. Press Office: tra informazione e pubblicità

Organizzare una conferenza stampa, monitorare la considerazione che i mass media hanno di un'azienda o di un'artista, stilare una rassegna stampa, cioè una ricognizione delle uscite degli articoli sui vari organi d'informazione, aggiornarsi costantemente sulle notizie riguardanti il proprio settore: tutto questo avviene all'interno di un ufficio stampa efficiente. L'ufficio stampa è una struttura che ha il compito di diffondere notizie e gestire i rapporti con i media. L'obiettivo principale è quello di portare un'azienda o un'organizzazione al raggiungimento della sua *mission* e degli obiettivi prefissati, rafforzandone così reputazione e prestigio. In questo senso l'ufficio stampa svolge una funzione importante nella selezione del flusso di informazioni e nella loro trasformazione in notizie interessanti per i media. Sergio Veneziani lo definisce come "la struttura preposta alla gestione dei rapporti con i media. Vale a dire che non soltanto organizza le informazioni per i media, ma anche interpreta i segnali che provengono dai media" (Veneziani 1999:21)[51]. I soggetti coinvolti nella trasmissione (gli addetti stampa) e nella ricezione dell'informazione (i giornalisti) cercano di formulare la loro rappresentazione soggettiva della realtà, con un'attenzione e cura nella comunicazione delle notizie che devono essere vere, trasparenti e non danneggiare l'immagine o

---

[51] S. Veneziani, Organizzare l'Ufficio Stampa, Il Sole24ore, Milano 1999, p. 21

la reputazione di chi ne è coinvolto. Anche perché come abbiamo visto l'informazione può influenzare il comportamento delle persone e avere un impatto significativo sulla società nel suo complesso. Pertanto, la precisione e l'integrità delle notizie diventano caratteristiche estremamente importanti, specialmente in un'era in cui la disinformazione può essere facilmente diffusa attraverso i social media e altri canali di comunicazione online.

4.1 Il comunicato stampa

Comunicare in modo efficace è una capacità indispensabile per chi si occupa di ufficio stampa e pubbliche relazioni. In questo ambito lo strumento che ha sempre occupato un posto di primo piano per il raggiungimento degli obiettivi è rappresentato dal comunicato stampa, un documento realizzato all'interno di un cosiddetto ufficio stampa da un addetto che gestisce questa risorsa e la redige seguendo le caratteristiche dello stile giornalistico. Si tratta di un testo scritto relativamente breve, che non va confuso con una semplice informazione, un invito a un evento o con un articolo redazionale. La sua funzione è quella di fare emergere contenuti dall'enorme massa di informazioni che ogni giorno arriva alle redazioni dei giornalisti da un lato, e al pubblico in generale dall'altro, o in modalità indiretta (cioè attraverso le pagine di giornali e riviste) o in modalità diretta (circolando nel web) arrivando al pubblico tramite i siti web e i blog. Possiamo dunque definirlo come un esempio di comunicazione mediata, la cui funzione principale è quella di creare un ponte tra l'azienda e i giornalisti professionisti, dai quali viene adattato e riscritto per essere presentato al pubblico finale[52]. Il comunicato stampa ha sempre occupato un posto di primo piano nella teoria e pratica delle pubbliche relazioni fin dalla sua prima comparsa negli Stati Uniti all'inizio del XX secolo, quando colui che è considerato il suo padre fondatore Ivy Lee[53] fu assunto da una compagnia ferroviaria per fornire ai media informazioni sul deragliamento di un treno. Lee fu il primo a convincere i suoi clienti commerciali a conquistare l'opinione pubblica. Nel 1906 cominciò a lavorare per la Pennsylvania Railroad Company, cambiando radicalmente le politiche inerenti agli incidenti ferroviari. La Pennsylvania Railroad, convinta che qualsiasi pubblicità negativa riguardante un incidente fosse dannosa, si rifiutava di permettere ai giornalisti di recarsi sul luogo dell'incidente e di divulgare qualsiasi informazione sulla situazione. A causa di questa scelta, non era ben vista dai giornalisti e di conseguenza dall'opinione pubblica. Lee cambiò la politica e, oltre a redigere un primo modello di comunicato stampa [54] (v. figura 6) suggerì all'azienda di allestire a sue spese un treno, per condurre giornalisti e fotografi sul luogo dell'incidente, con l'intento di favorire una comunicazione aperta con i media e quindi fornendo loro accesso a tutti i fatti del caso. Grazie a questa decisione, la Pennsylvania ottenne una buona pubblicità e una migliore comprensione dei suoi problemi

---

[52] Paola Catenaccio, "Press Releases as a Hybrid Genre: Addressing the Informative/Promotional Conundrum"
Pragmatics 18:1.9-31 (2008) International Pragmatics Association
[53] Ivy Lee: "Father Of Modern Public Relations" Author(S): Ray Eldon Hiebert Source: The Princeton University Library Chronicle, Winter 1966, Vol. 27, No. 2 (Winter 1966), Pp. 113-120 Published By: Princeton University Library Stable Url: Https://Www.Jstor.Org/Stable/26409644
[54] https://www.comunicati.eu/guide/origini-e-storia-del-comunicato-stampa

da parte dell'opinione pubblica. Lee si era reso conto che un'organizzazione può aprirsi ai canali di comunicazione e dire la verità su sé stessa, se ha una buona verità da raccontare. Accusato dall'opinione pubblica di fare pubblicità mascherata da notizia, decise di rispondere con una "Dichiarazione di principi" delle pubbliche relazioni che spiegava brevemente le regole etiche alla base dei rapporti tra giornalisti e addetti alla comunicazione. Qui una libera traduzione dalla "Dichiarazione di Principi" di Ivy Lee:

-Questo non è un ufficio stampa segreto

-Tutto il nostro lavoro è svolto apertamente

-Noi vogliamo fornire notizie accurate

-I dettagli su ogni argomento verranno... forniti prontamente a ogni editore.

-Noi forniremo alla stampa... informazioni in tempo reale, accurate e di valore per il pubblico [55]

Come mostra la "Dichiarazione di principi" di Lee, potrebbero esserci differenze sostanziali tra "ciò che un testo pretende di

---

[55] https://pritalia.wordpress.com/2009/12/27/il-primo-comunicato-stampa-e-la-declaration-of-principles-di-ivy-lee/
"This is not a secret press bureau. All our work is done in the open. We aim to supply news. This is not an advertising agency; if you think any of our matter properly ought to go to your business office, do not use it. Our matter is accurate. Further details on any subject treated will be supplied promptly, and any editor will be assisted most cheerfully in verifying directly any statement of fact. In brief, our plan is, frankly and openly, on behalf of the business concerns and public institutions, to supply to the press and public of the United States prompt and accurate information concerning subjects which it is of value and interest to the public to know about". (Catenaccio 2008: 12) Ivy Lee 1906, quoted in Harrison and Moloney 2004

fare, ciò che viene percepito dal destinatario e ciò che effettivamente fa. Inoltre – come nel caso del comunicato stampa – un testo può fare più di una cosa contemporaneamente" (Catenaccio 2008: 12). "In particular, one should be wary to take declared communicative purposes at face value: As Lee's 'Declaration of Principles' shows, there may be substantial differences between what a text purports to do, what it is perceived by the recipient as actually doing, and what it actually does. Also – as is the case with the press release – a text may do more than one thing at the same time. Such a shift in focus from textually codified purpose to situation-bound dynamic intentionality demands that researchers move away from "textual description as a primary mode of analysis" to focus to a greater extent on contextual aspects". [56]

---

[56] Paola Catenaccio, "Press Releases as a Hybrid Genre" Pragmatics 18:1.9-31 (2008) International Pragmatics Association

STATEMENT FROM THE ROAD.

It Declares the Rails on the Bridge Must Have Fitted Exactly.

Special to The New York Times.

PHILADELPHIA, Oct. 29.—This statement relative to the Atlantic City disaster was authorized by the Pennsylvania Railroad Company to-day:

On account of the difficulty of raising the trucks of the cars out of the water the railroad officials have not been able to discover the cause of the accident. They have ascertained, however, that there was no defect in either the drawbridge or its mechanism to cause the derailment. The bridge—both stationary and movable parts—is of the most approved modern type.

General Manager Atterbury is on the ground supervising the work of raising the trucks. Their great weight has so far defied the efforts of the wrecking apparatus, but attempts are still being made to get them to the surface. When they are examined, the railroad officials think, it will be shown that there was something about one of the trucks that caused the train to leap the track.

It is certain that the rails on the drawbridge and those on the solid section fitted exactly, for otherwise the signal could never have shown a clear track. By means of the interlocking system it is impossible for the motorman to get the " go ahead " signal until the rails are exactly in place.

The Pennsylvania Railroad Company is leaving nothing undone to get at the cause of the accident. The Coroner has already gathered a jury and is making a thorough investigation; the officials of the company are giving him every assistance in their power.

Figura 6 Comunicato stampa di Ivy Lee 29-10-1906

4.1.1 Un genere ibrido

L'interesse degli studiosi nei confronti di questo genere testuale è fortemente aumentato negli ultimi anni e si è concentrato sia sulle sue caratteristiche generiche, sia sulle pratiche professionali e gli esiti della produzione di comunicati stampa, sia sul loro utilizzo sui media. Inoltre, si segnala che da circa dieci anni i suggerimenti su come scrivere un comunicato stampa perfetto si sono moltiplicati sul web, così come si sono moltiplicati anche libri e pubblicazioni sull'argomento. Il comunicato stampa è di solito concepito per svariati argomenti e con diversi scopi comunicativi, che possono essere rappresentati dal lancio su mercato di un prodotto, dalla risposta alla stampa sulla crisi di un'azienda o su un aspetto della sua attività, non necessariamente collegato alla promozione; e ancora da un tipo di attività sociale, professionale, artistica da promuovere. Per questo motivo mostrano caratteristiche di "preformulazione"[57], cioè sono delle storie scritte per essere raccontate. Spesso si riferiscono o sono collegati ad altri documenti che si possono ritrovare all'interno del comunicato stesso come link o in forma di allegato a una mail o comunque disponibili in formato digitale su web. Poiché obiettivo fondamentale è quello di essere ripresi dalla stampa per essere trasformati in articoli giornalistici, mostrano una caratteristica di base che li rende esempi di quello che è stato chiamato "genere ibrido"[58]. Il mix di informazione e promozione di cui sono portatori sfuoca il confine tra i due tipi di

---

[57] Geert Jacobs 1999, "Preformulating the News: An Analysis of the Metapragmatics of Press Releases", John Benjamins, Amsterdam/Philadelphia.

[58] G. Jacobs "Self-reference in press releases" Journal of Pragmatics 31 (1999)

discorsi. Questa natura ibrida è sottolineata da Jacobs (Catenaccio 2008), il quale sostiene che, poiché il comunicato stampa è orientato verso una pubblicità gratuita, cerca di mantenersi a metà tra promozione e informazione. Jacobs ha anche suggerito che questa ibridazione potrebbe essere messa in relazione con la tendenza generale verso quella che un altro studioso, Fairclough, definisce "commodification of discourse" (Catenaccio, 2008: 11), cioè la tendenza del linguaggio della pubblicità a "colonizzare" altri tipi di discorsi. Dunque, se da un lato, fin dalle origini, si dichiara a carattere informativo (vedi "Dichiarazione di Principi" di Ivy Lee), dall'altro sia gli addetti stampa che lo scrivono, sia i giornalisti che lo ricevono sono pienamente consapevoli che in realtà quel genere testuale poggia esattamente sul confine tra il puramente informativo e il palesemente promozionale. Sottoporre all'attenzione dei giornalisti un fatto sotto forma di notizia, in modo che questi ultimi possano trasmetterlo al grande pubblico attraverso i media, pone il comunicato sotto un'altra luce, lo fa apparire come un esempio di testo persuasivo, dove la persuasione consiste nel far accettare al giornalista la versione degli eventi riportata (Catenaccio 2012)[59]. La struttura del comunicato riflette i suoi intenti promozionali anche nel tentativo di preservare la reputazione di chi lo emette. Grazie alla sua natura di "discorso mediato", il comunicato mira a essere persuasivo sia quando deve convincere i giornalisti della sua notiziabilità, sia quando deve persuadere il pubblico che l'azienda è affidabile o che la notizia è interessante. Il suo successo come strategia di

---

[59] Catenaccio, Paola. 2012. «Il Giornalismo Come Riscrittura: Considerazioni Sul Ruolo Del Comunicato Stampa». Altre Modernità, ottobre, 160-73. https://doi.org/10.13130/2035-7680/2469.

comunicazione sui media si basa sulla competenza discorsiva condivisa dai tradizionali partecipanti a questa pratica professionale[60]. Ciò implica anche la consapevolezza da parte dei redattori di comunicati stampa che un eccesso di promozione del contenuto può nuocere alla ricezione positiva degli stessi comunicati da parte dei giornalisti; i giornalisti invece sono consapevoli che pubblicando le informazioni contenute nei comunicati, si impegnano in un processo non solo informativo ma anche promozionale. Fondamentale per l'addetto stampa è aspirare a una copertura mediatica che rappresenta per l'azienda uno strumento pubblicitario molto efficace, sicuramente più potente (oltre che più economico) rispetto alla pubblicità. Allo stesso tempo, nel redigere i comunicati stampa, deve evitare un linguaggio apertamente promozionale, poiché un peso eccessivo dell'autopromozione rispetto alla componente informativa, rischia di pregiudicare il raggiungimento dell'obiettivo principale: "infatti più un testo è esplicitamente persuasivo, meno ci lasciamo convincere; per contro quanto meno un testo esibisce il proprio intento persuasivo, tanto più viene ritenuto accettabile"[61]. Per aumentare le *chance* di trasmettere efficacemente al pubblico le informazioni fornite, bisogna calibrare accuratamente questa componente, per quanto i giornalisti stessi, come dicevamo, la prevedano e la maggior parte delle volte provvedano ad epurarla.

---

[60] Vijay Kumar Bhatia, Interdiscursivity in professional discourse, *Discourse & Communication* 21(1) 32–50

[61] P. Catenaccio, 2012. "Il Giornalismo Come Riscrittura: Considerazioni Sul Ruolo Del Comunicato Stampa". Altre Modernità, ottobre, 160-73. https://doi.org/10.13130/2035-7680/2469.

4.1.2 Struttura: aspetti testuali e contestuali

L'organizzazione testuale di un comunicato stampa rientra nello stile dell'articolo giornalistico, con l'inserimento del discorso promozionale limitato a scelte lessicali e stilistiche. I comunicati stampa sono talmente simili ad articoli, come vedremo nelle prossime pagine, che se pubblicati su un giornale senza indicarne la provenienza rischiano di essere trasformati istantaneamente in articoli di cronaca (specialmente sul web, con la diffusa modalità del copia-incolla, questo fenomeno è molto comune e accade frequentemente). Gli studi sulle caratteristiche testuali del comunicato stampa si sono solitamente concentrati sulla parte "preformulata" di questo tipo di testo, cioè la parte raccontata: la "storia"[62]. La prima osservazione che possiamo fare è che non ci sono quasi mai pronomi di prima persona. Può apparire come un paradosso, dal momento il comunicato stampa è un testo "egocentrico" (Jacobs 1999): le aziende emittenti solitamente lo utilizzano per dire qualcosa su se stessi, eppure, di un tu o un "noi" non c'è traccia. Questo perché, come sottolinea Jacobs, l'autoreferenzialità svolgerebbe un ruolo di "preformulazione", con cui gli autori cercano di soddisfare i requisiti dell'articolo di cronaca. Realizzandosi quasi esclusivamente in terza persona, in particolare attraverso l'uso del nome proprio dell'organizzazione, l'autoreferenzialità non si manifesta apertamente, l'identità personale viene soppressa, o almeno camuffata, a favore dell'organizzazione che emette il comunicato stampa. È uno dei motivi per cui il genere viene

---

[62] Geert Jacobs 1999, "Preformulating the News: An Analysis of the Metapragmatics of Press Releases", John Benjamins, Amsterdam/Philadelphia.

inserito in quello giornalistico. Recentemente, tuttavia, gli studi dimostrano che nella sua composizione formale il comunicato stampa imita solo in parte la struttura dell'articolo giornalistico (Catenaccio 2008). Se lo osserviamo e lo sezioniamo nella sua composizione visiva, schematizzata come segue: (1) Incipit o annuncio – (2) Elaborazione – (3) Commento – (4) Dettagli di contatto – (5) Nota dell'azienda emittente, non è difficile riconoscere subito un testo come comunicato stampa e quindi distinguerlo da un articolo giornalistico (vedi fig. 7). Possiamo notare che l'incipit (o annuncio) e l'elaborazione corrispondono alla parte informativa (1 e 2) e contengono le indicazioni del momento in cui il comunicato può essere messo a disposizione del pubblico, il commento (3) è più una parte di valutazione, la nota dell'azienda emittente è una parte facoltativa (5). Infine, con l'inserimento delle informazioni che forniscono indicazioni su come ottenere ulteriori dettagli (4), si aggiunge una caratteristica chiave della sua identità. Mentre le prime tre parti sono di carattere informativo e tipiche anche degli articoli giornalistici, il quarto e ultimo passaggio assume un ruolo di supporto all'informazione e conferisce riconoscibilità al comunicato stampa.

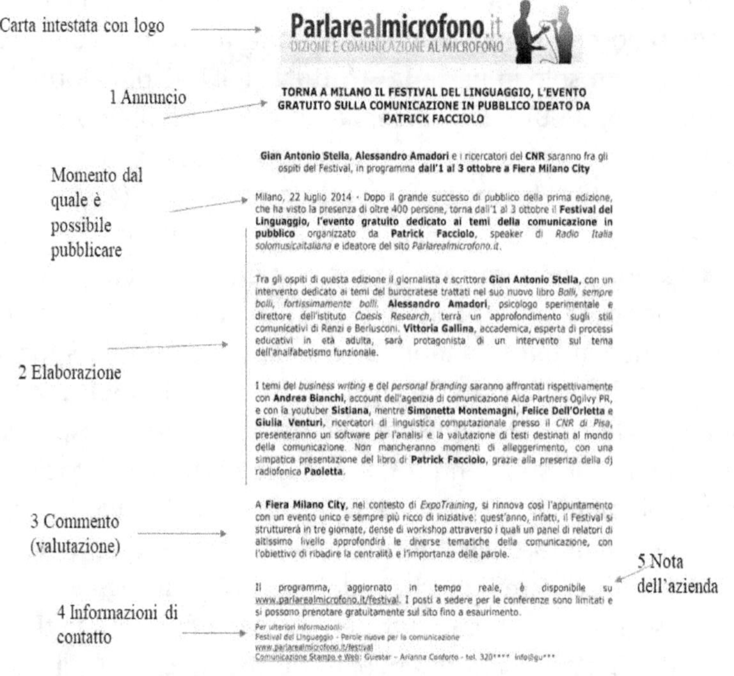

Figura 7 Esempio di comunicato stampa

Tutte queste caratteristiche, che fanno da cornice alla parte centrale contenente l'elaborazione, indicano una pratica professionale e sono quasi tutte periferiche (anche visivamente), in termini di impaginazione, rispetto al testo che mira ad essere riprodotto nei giornali. Tutte queste parti che danno un'inquadratura al testo sono rimandi all'ente emittente e di conseguenza risultano palesemente a scopo promozionale (il logo dell'azienda, i contatti dell'ufficio stampa). È grazie a queste aggiunte che è possibile stabilire una demarcazione tra elementi testuali informativi ed elementi di pubblicità. L'esplicitazione data dall'inquadrature avverte che siamo davanti a un intento promozionale, che una volta caduta l'inquadratura (quando avviene la riscrittura da parte dei giornalisti), viene automaticamente nascosto rendendo la notizia oggettiva. In sintesi, gli elementi periferici come i contatti, la presentazione del comunicato stampa in quanto tale e/o la presentazione dell'azienda, nonché le eventuali note del direttore, permettono la riconoscibilità del genere e soprattutto lo differenziano da un semplice articolo.

4.2 Un lavoro apparentemente semplice

Pur trattandosi di un testo breve, redigere un buon comunicato stampa è decisamente un lavoro complesso perché ingabbiato in regole precise. Il comunicato è il mezzo fondamentale con cui una realtà comunica all'esterno non può essere un testo approssimativo redatto in velocità o con superficialità, per questo necessita di massima attenzione nella stesura dei contenuti perché una volta pubblicati, chiedere una rettifica e un imprevisto da gestire e risolvere con urgenza.[63] Si tratta di un lavoro basato su equilibri e strategie di comunicazione da parte di un ufficio stampa la cui credibilità dipende dal materiale che diffonde e dagli obiettivi che raggiunge. Servono prima di tutto sensibilità, capacità espressive, e competenze linguistiche per una comunicazione non improvvisata, ma elaborata strategicamente. Come abbiamo visto, il formato di un

---

[63] G. Tagliente, L'arte dell'ufficio stampa: Strategie di comunicazione tra informazione, media relations e web. oVer Edizioni 2021

comunicato stampa è tipicamente standardizzato, con un'intestazione che include il nome dell'emittente, il titolo e la data di pubblicazione, seguita da un corpo di testo che fornisce informazioni dettagliate sull'argomento. Per essere efficace anche nella leggibilità e usabilità, un comunicato deve seguire una struttura chiara e utilizzare un lessico adeguato e professionale, inserendo nelle prime cinque/sei righe tutte le informazioni di base che potrebbero interessare il giornalista. È necessario prestare attenzione al registro linguistico utilizzato (formale o informale), all'uso di immagini e grafici, alla struttura del testo e l'organizzazione delle informazioni, all'uso di parole chiave e di frasi ad effetto. La parte che salta subito all'occhio del lettore e può deciderne le sorti (utilizzarlo o cestinarlo) è il titolo, l'*headline* può essere in maiuscolo o evidenziato in grassetto, permettendo così al ricevente di inquadrare immediatamente la notizia. Per rendere il testo più scorrevole, la divisione in paragrafi disposti verticalmente (a piramide) rappresentano uno scheletro funzionale alla parte centrale, dove prende la parola l'autore e che contiene la notizia vera e propria. Una sezione apposita dedicata alle informazioni aziendali, che gli inglesi chiamano *boilerplate* può essere utile al giornalista per comprenderne la mission. Infine, una breve nota biografica può essere supportata e completata da un link al sito dell'azienda seguito dai contatti dell'ufficio e della persona incaricata di occuparsi della comunicazione con i media. Come negli articoli giornalistici, il metodo delle cinque W (Who, What, Where, When, Why) risulta fondamentale. Il *lead* cioè l'attacco del comunicato dovrebbe essere breve, non superare mai le quattro righe, ma dovrebbe contenere almeno due delle cinque W. Nelle prime 30 parole il giornalista deve trovare gli elementi che gli permetteranno di valutare se pubblicare quelle informazioni.

4.3 Analisi semiotica di un comunicato stampa

L'analisi semiotica di un comunicato stampa richiede un'attenta considerazione di come i segni e i codici siano utilizzati per trasmettere il messaggio e di come questo messaggio sia percepito dal pubblico. Questo processo di analisi procede per livelli. La biplanarità di un testo è un concetto che si riferisce alla capacità di un testo di operare su due piani, gli permette di avere due livelli di significato, uno superficiale o esplicito e uno più profondo o implicito, creando così una maggiore possibilità di interpretazione. Espressione e contenuto di fatto sono inseparabili ma per fare un'analisi bisogna considerarli separati[64]. L'analisi semiotica del comunicato stampa può aiutarci a comprendere come le rappresentazioni e le informazioni siano state selezionate e presentate per raggiungere un determinato scopo e come sia stato costruito il significato del messaggio, considerando il contesto in cui è stato emesso e la decodifica da parte dei destinatari. I segni utilizzati possono includere il linguaggio, le immagini, le icone e gli altri elementi visivi. Questi segni sono organizzati in una particolare struttura che è in grado di trasmettere il messaggio in modo efficace. Inoltre, un comunicato stampa può anche utilizzare convenzioni e codici specifici del genere, come una particolare formattazione per enfatizzare il messaggio che si intende trasmettere. L'analisi semiotica di alcuni comunicati stampa pubblicati in ambiti e con

---

[64] Anna Maria Lorusso -Patrizia Violi, Semiotica del testo giornalistico Laterza 2015

finalità differenti, può aiutare a comprendere come le rappresentazioni mediatiche siano costruite e utilizzate per influire sull'opinione pubblica e sulla percezione degli eventi e può essere utile per comprendere il significato e le implicazioni di questi testi. Prendiamo in considerazione il comunicato della fig. 7 che abbiamo visto nelle pagine precedenti. Il testo riguarda la partenza della seconda edizione del Festival del Linguaggio all'interno della manifestazione della comunicazione in Fiera Milano City nel 2014. Il registro linguistico utilizzato è formale, con un linguaggio tecnico specifico del settore della comunicazione perché rivolto principalmente a un target di addetti al settore oppure persone interessate a eventi di questo genere. L'intestazione riporta il logo dell'azienda mentre la dicitura "Comunicato stampa" in genere posta in alto, centrata e tutta in maiuscolo grassetto, qui non è presente, poiché l'autore riconoscendo che l'identità fosse già chiara nella struttura, ha preferito non inserirlo. È presente tutta la cornice che lo inquadra come comunicato a partire dalla data di pubblicazione. Il titolo al centro, in maiuscolo, grassetto è enfatico ed esplicativo, contenente le keyword giuste anche per la pubblicazione online, chiarisce in modo immediato al giornalista di cosa parla il comunicato. È un titolo posizionato prima dell'articolo, quindi ne anticipa i contenuti ed ha una funzione classico-informativa. La struttura contesto > soggetto > notizia necessita di un sottotitolo in cui viene indicata la data dell'evento. Non sono presenti nel testo immagini o grafici, soltanto un banner orizzontale in alto in funzione di logo. Le immagini in alta risoluzione che fanno da corredo per eventuali pubblicazioni, sono state inviate all'interno di un *press kit* (una cartellina con più file in cui sono presenti foto ad alta risoluzione e biografia dell'emittente). Il testo è diviso in cinque/sei paragrafi: il primo presenta il titolo, il sottotitolo e l'annuncio del ritorno del Festival all'interno della manifestazione in Fiera, introducendo subito due informazioni di primo piano per sottolinearne la notiziabilità: la prima è la presenza di personaggi famosi ospiti del Festival e la seconda è la sottolineatura del successo dell'anno precedente. Il secondo e il terzo paragrafo descrivono gli ospiti della nuova edizione e i temi trattati, il quarto è un commento sul luogo e l'ultimo un invito a visitare il sito web dell'azienda per eventuali prenotazioni ai workshop. La notizia viene presentata in terza persona in modo neutrale (*debrayage*) per quanto il soggetto dell'enunciazione non è mai assente, ma soltanto occultato all'interno del proprio enunciato[65]. L'utilizzo della terza persona che conferisce oggettività alla notizia è solo una strategia enunciativa che si rivela vagamente verso la fine del terzo paragrafo, quando l'emittente compare tra i nomi degli ospiti (pur essendone ideatore e conduttore v. titolo). Il comunicato utilizza parole e frasi ad effetto già dal titolo, che riporta

---

[65] Per analizzare il processo di produzione dell'enunciato, Algirdas Julien Greimas – padre della semiotica strutturale - fa riferimento a due atti fondamentali, le principali strategie enunciative riscontrabili all'interno di un testo: il debrayage – ossia l'atto di allontanamento dal soggetto empirico reale, che resta fuori dall'istanza dell'enunciazione instaurando un simulacro all'interno del testo, in una strategia enunciativa che può produrre un effetto di particolare realismo e oggettività – e l'embrayage, l'operazione di ritorno (simulato, perché sempre interno al testo) all'enunciazione. Strategie ad accentuazione oggettivante. L'informazione viene presentata senza apparenti mediazioni, occultando le tracce interpretative e sottolineando vari possibili percorsi di interpretazione testuale. A.M. Lorusso/P. Violi (2015), pag. 70

l'aggettivo "gratuito" ripreso anche dal primo paragrafo come incentivo per spingere il pubblico a partecipare. Anche "grande successo" e in fondo nell'ultimo paragrafo "posti limitati" sono elementi che servono a dare importanza all'evento e sollecitano la partecipazione del lettore. Il contesto in cui il comunicato stampa viene pubblicato aumenta la sua funzione comunicativa, che può essere quella di attrarre l'attenzione dei lettori e portarli sul sito web principale promuovendo indirettamente i corsi dell'azienda, e/o pubblicarlo su quotidiani e riviste per avere la copertura mediatica dell'evento e informando un pubblico trasversale della seconda edizione del Festival del Linguaggio. Il lettore previsto è quello che Eco chiama Lettore modello, in quanto portatore di quelle conoscenze e competenze (enciclopedia) che gli permettono di riconoscere e apprezzare l'importanza degli ospiti dell'evento e la comprensione del tipo di linguaggio utilizzato nell'ambito della dizione e del *public speaking*. Con l'avvento dei new media, divenuti il primo canale di distribuzione, il pubblico partecipando al processo di fruizione dei comunicati stampa, spinge le aziende e le istituzioni a creare sezioni stampa sui loro siti web e su piattaforme comunicative, nei quali i loro comunicati vengono pubblicati in contemporanea, se non addirittura in anticipo, rispetto all'invio ai media, inserendo spesso un maggior linguaggio promozionale. Foto grandi centrali a colori hanno un forte effetto di realtà, una funzione emotiva e manipolatoria nell'interpretazione della notizia. L'immagine assume un ruolo fondamentale e complementare con il titolo. Spesso si tratta di immagini documento o simboliche, che mostrano un legame diretto evidente con l'evento a cui sono collegate soprattutto se rappresentano i volti dei protagonisti o le loro azioni sulla scena.

Confrontiamo questa analisi con la fig. 8, un comunicato stampa di un ufficio che si occupa di comunicazione per eventi musicali di artisti italiani più o meno noti.

Figura 8 Comunicato stampa per un evento musicale

Nella fig. 8 ogni elemento del comunicato è stato concepito e utilizzato per creare significato e per raggiungere gli obiettivi comunicativi dell'autore. Nulla viene lasciato al caso: dall'impaginazione, al lettering, all'apparato iconografico: partire

NUOVO riconoscimento per gli Equ. La band bidentina si è aggiudicata il premio per il miglior testo alla XXVª edizione di Musicultura 2014 di Macerata con il brano 'Eccetera eccetera' del terzo album 'Un altro da me'. Selezionati su oltre 1.000 proposte artistiche proprio con questo brano gli Equ (Maurizio Barbagli, Vanni Crociani, Alessandro Fabbri e Gabriele Graziani) vincono il Premio UniMarche con la seguente motivazione: «Un testo originale che racconta in una forma inedita un tema quasi abusato nel mondo della musica, l'amore. Una serie di figure retoriche ordite musicalmente con maestria porta il testo a fondersi con le note».

«E' STATA un' esperienza importante — commentano i 4 musicisti — un luogo magico l'Arena Sferisterio. C'è stata una selezione durissima per entrare in finale e siamo felici di questo nuovo riconoscimento che ci sprona ad andare avanti». Del resto gli Equ tra il 2013 e l'inizio di quest'anno hanno collezionato tanti riconoscimenti, dal premio Bindi, al Mei di Faenza, al premio Tenco. Con questo nuovo lavoro abbandonano, in una sorta di 'rinascita', il linguaggio rock/pop, focalizzando l'attenzione su una strada più 'teatrale' e performativa, che utilizza nuovi strumenti, come l'immagine e altri linguaggi sonori. E proprio il brano premiato è frutto della collaborazione con Alessandro Bergonzoni, il drammaturgo santasofiese Federico Bellini e Francesco Gazzè, fratello di Max.

Oscar Bandini

Figura 9 *Esito della pubblicazione del comunicato in fig.8*

dall'enfasi del titolo in maiuscolo grassetto con una forte effetto di senso patemico che alza la tonalità emotiva fino alle espressioni "selezione durissima", "scelti tra oltre 1000 proposte", "un anno di riconoscimenti e premi". L'autore partecipa alla vittoria e comunica oltre alla notizia, la sua emozione. Il virgolettato fornisce un altro effetto di realtà e oggettività alla notizia: si tratta della trascrizione della motivazione con cui la band vince il premio. Il discorso riportato, la citazione della parola dell'altro fa parte del complesso gioco enunciativo per cui vari attori possono prendere la parola all'interno di un testo. È interessante notare quale sia stato uno degli esiti del comunicato precedente ripreso sulle pagine locali di un quotidiano nazionale: Il resto del Carlino. Il testo (fig. 9) è stato quasi interamente ripreso e non sono state effettuate particolari modifiche da parte del giornalista, se non la scelta di cambiare la fotografia. Tra le due/tre foto inviate dall'addetto stampa, compresa quella scelta come più rappresentativa da affiancare alla notizia, il giornalista sceglie una foto in cui sono ben visibili il cantante e il pianista della band scegliendo di lasciar fuori gli altri due componenti. Si suppone che la scelta della foto sia dovuta al maggiore effetto di empatia, oltre che di realtà che un volto umano riconoscibile suscita nel lettore, rispetto a una foto più ambientale e di scena.

4.4 Dal *Press release* al **N***ews release*

Sappiamo che oggi navigare sul web, saper usare motori di ricerca e i canali dei social network sono un elemento imprescindibile per un addetto stampa, che deve saper analizzare anche l'impatto del suo lavoro on-line. L'utilizzo di informazioni digitali ha prodotto un radicale cambiamento nelle modalità di produzione delle notizie al testo, delle quali ormai da molti anni è possibile allegare foto e video direttamente nelle *app* di scrittura di uno smartphone, in modo da renderle ancora più accattivanti. Anche la creazione della cartella stampa, il *press kit* ha cambiato forma trasformandosi in un *QR code* da inquadrare per scaricare il materiale. Gli stessi lettori si sono trasformati, diventando produttori di contenuti, selezionatori e distributori di informazioni, con la possibilità di condividere notizie e iniziative tramite blog e social network importanti driver di traffico verso i siti web di informazione. I giornalisti possono estendere e rendere visibile il proprio lavoro, costruendo contenuti efficaci ed efficienti per rispondere alle esigenze informative della propria community o selezionando notizie rilevanti adattandosi al meglio ad algoritmi, che consentono l'indicizzazione delle pagine web. Da *press release* il comunicato si è evoluto in *news release*, trasformandosi da strumento redatto unicamente per essere utilizzato dai professionisti della stampa a un uso per clienti finali o dell'audience stessa.[66] Il testo del *news release* deve così essere pensato anche in prospettiva di un accesso tramite motori di ricerca, con una frequenza d'invio maggiore e con "aggiornamenti" non più periodici, ma quotidiani o addirittura a distanza di poche ore. Il link alla pagina Facebook o Linkedin dell'ente o azienda oppure al sito diventa essenziale. Inoltre, il testo deve essere assolutamente pensato per facilitare la ripresa all'interno dei social, come Facebook o Twitter. Un *news release* ben redatto dovrebbe essere reperibile ed indicizzabile tra i contenuti e gli aggregatori del web, ed emergere in modo naturale tra i risultati dei principali motori di ricerca e dei più diffusi portali in internet. Un *news release* ben redatto stimola le conversazioni digitali degli utenti e crea un'ottima base per la visibilità. Il campo di ricerca riguardante i media digitali richiede una nuova configurazione e declinazione, poiché questi nuovi ipertesti digitali con molteplici gradi di complessità riescono ad anticipare tramite un elenco di link le possibili azioni che i lettori compiono durante la lettura. Rendere questi testi ergonomicamente accessibili vuol dire prerogativa di una buona leggibilità, che utilizza *lettering* adeguato,

---

[66] Stefano Calicchio, Ufficio stampa digitale. Come generare interesse nei media 2.0 e gestire le relazioni pubbliche grazie alle potenzialità del web StreetLib 2020 p.82-83

dimensione, allineamento, colore. Inoltre, per attirare l'attenzione dei lettori è meglio utilizzare forme brevi. L'uso di subordinate e metafore (tipiche del giornalismo tradizionale) che possono confondere gli utenti cede il posto a un linguaggio diretto e immediato. Infine, la fase relativa agli standard del web richiede che l'organizzazione tra spazio e contenuti sia coerente con le modalità di lettura dello spazio d'azione, che avviene solitamente dall'alto verso il basso e da sinistra verso destra. Fondamentale spezzare il testo dell'articolo in paragrafi, utilizzare il grassetto per evidenziare le parole chiave, evitare la sottolineatura per non confondersi con i link, scegliere caratteri semplici (es. calibri o verdana) ed evitare eccessivo ricorso di maiuscole e punteggiatura. L'utilizzo di titoli espliciti con parole chiave permette un'immediata
indicizzazione sui motori di ricerca (fondamentale per creare viralità e aumentare il traffico). Inoltre, il linguaggio adottato deve essere più, meno espressivo rispetto al giornalismo tradizionale su carta. Infine, i comunicati online spesso sono corredati di approfondimenti ipertestuali ed evidenziano alcune parole chiave in grassetto per facilitare la lettura e la comprensione.
Diamo uno sguardo veloce all'esempio di *news release* realizzato secondo il modello proposto da Shiftcomm[67] nella fig. 10.

1) I Social sono completamente integrati e ogni parte deve essere condivisibile.
2) I titoli devono essere inferiori a 55 caratteri per essere ritwittati e condivisi.

---

[67] https://www.shiftcomm.com/insights/social-media-press-release-2-0/

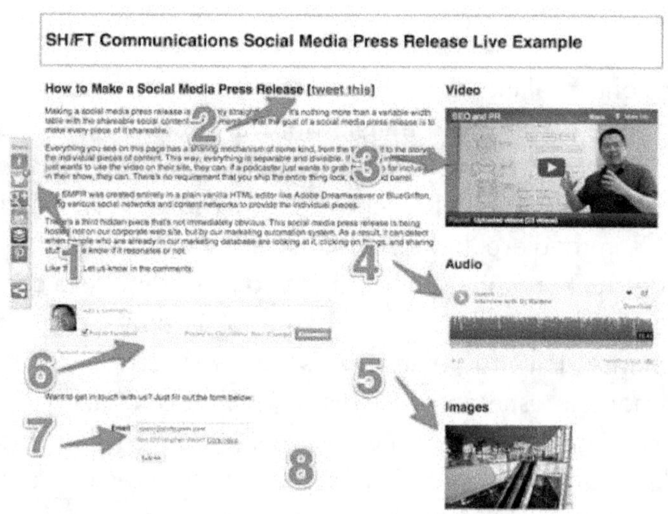

Figura 10 Esempio di news release proposto da Shiftcomm

3) YouTube è la piattaforma che ha un pubblico più ampio e consente la riproduzione dei video sui singoli social network.

4) Audio condivisibile con dispositivi mobili (ad esempio se è presente un podcast su SoundCloud).

5) Set di gallerie fotografiche

6) Commenti sui social.

7) Informazioni di contatto.

8) L'intera comunicazione stampa è incorporata all'interno di un sistema di automazione del marketing. È possibile controllare dai dati interni se un gruppo di giornalisti, con cui si è interagito in passato, l'ha trovato interessante e l'ha condiviso.

4.5 Intelligenza artificiale

Per concludere il nostro percorso verso il futuro del comunicato stampa, ci sembra doveroso portare un esempio di quello che avviene negli ultimi anni con la creazione dell'intelligenza artificiale. ChatGPT resa pubblica a novembre 2022 consente di scrivere articoli, e-mail e poesie, creare post social, correggere errori matematici ecc. Si tratta di un grande modello di linguaggio creato da OpenAI [68]e progettato per generare testo in modo automatico, interagire attraverso una chat in modo simile a una persona reale. Lo scopo principale è quello di assistere gli utenti in svariate attività, per esempio rispondere a domande su vari argomenti, offrire suggerimenti, fornire informazioni, creare contenuti scritti e molto altro. ChatGPT può essere utilizzata in molti contesti diversi, su una vasta gamma di dati, per offrire servizi di assistenza clienti online, piattaforme di chatbot, strumenti di scrittura assistita e molto altro ancora. Ci è sembrato utile sperimentare a questo punto la chat per aiutarci a scrivere un buon comunicato stampa e questo è il risultato (fig.11). Dall'analisi del risultato si comprende che probabilmente la nostra intelligenza artificiale necessita di molteplici comandi e indicazioni per raggiungere il risultato sperato di scrivere un comunicato così come lo avrebbe fatto l'addetto stampa della fig. 7. Un esempio su tutti è rappresentato dall'uso della formula in prima persona anziché in terza. Probabilmente non è ancora il momento di delegare, forse però prendere qualche spunto sì. Forse è il caso di iniziare a esplorare

---

[68] https://openai.com/research/overview

nuovi strumenti dove per nuovo intendiamo "tutto ciò a cui non siamo ancora abituati"[69].

Comunicato stampa

Festival del Linguaggio a Milano dal 1 al 3 ottobre a Fiera Milano City

Milano si prepara ad ospitare il Festival del Linguaggio, un evento ideato da Patrick Facciolo e dedicato a tutti coloro che amano la comunicazione e il linguaggio in tutte le sue forme. Il Festival si terrà presso la Fiera Milano City dal 1 al 3 ottobre e vedrà la partecipazione di ospiti illustri come Gianantonio Stella e Alessandro Amadori, Vittoria Gallina e molti altri.

Il Festival del Linguaggio è un'occasione unica per approfondire le proprie conoscenze in materia di comunicazione e linguaggio, attraverso workshop e seminari coinvolgenti ed interattivi. I posti sono limitati e le prenotazioni avvengono esclusivamente tramite il sito www.parlarealmicrofono.it.

Il Festival del Linguaggio è organizzato in collaborazione con Guestar, agenzia di comunicazione stampa e web, ed è destinato a tutti coloro che desiderano migliorare le proprie competenze in ambito comunicativo, sia a livello personale che professionale.

Per maggiori informazioni e per prenotare il proprio posto, si può visitare il sito www.parlarealmicrofono.it o contattare direttamente il Festival del linguaggio attraverso i seguenti recapiti:

- Sito web: www.parlarealmicrofono.it
- Email: info@parlarealmicrofono.it
- Comunicazione stampa e web: Guestar - ****@guestar.it

Non perdete l'occasione di partecipare ad un evento unico nel suo genere e di migliorare le vostre competenze in materia di comunicazione e linguaggio. Vi aspettiamo al Festival del linguaggio di Milano!

Figura 11 Comunicato stampa creato con AI

---

[69] Cosenza G. (2004), Semiotica dei nuovi media, Roma-Bari: Gius. Laterza & Figli, pg.12

Conclusioni

Concludiamo questo percorso che ci ha portati dalla storia della comunicazione e dei media, all'analisi semiotica di un testo particolare come quello del comunicato stampa, ripercorrendone brevemente i punti chiave. Esplorando l'evoluzione della comunicazione attraverso la lente della semiotica e concentrandoci sulla definizione moderna di testo, abbiamo visto come cambia il ruolo del testo nella storia dell'umanità e quanto sia stato decisivo l'impatto della tecnologia sulla sua evoluzione. Dalle nostre ricerche emerge che la nascita di un nuovo mezzo di comunicazione non coincide mai con la fine dei precedenti, quanto "piuttosto con la ridefinizione di tutto il sistema dei media nel suo complesso"[70] e che opporsi al cambiamento è inutile, la trasformazione digitale non può né essere interrotta né evitata, bisogna imparare a gestirla. Il testo, così come chi lo crea, è in continua trasformazione e la multimedialità lo rende un "ipertesto", con diversi piani linguistici e simbolici. L'analisi di uno strumento di comunicazione come il comunicato stampa, con la sua natura ibrida, la sua modalità di produzione e il suo utilizzo sui media, mostra la grande potenzialità di un mezzo persuasivo, strategicamente strutturato per stare in equilibrio tra autopromozione e informazione, sfruttando la competenza discorsiva di chi tradizionalmente lo riceve (il giornalista). La sua caratteristica di "preformulazione" e l'uso neutrale della terza persona rimangono condizioni indispensabili perché esso appaia già come un articolo giornalistico al quale non sia necessario

---

[70] M. Pratellesi (2013), New Journalism, Milano-Torino: Pearson Italia, pg.21

effettuare modifiche radicali. Negli esempi di testi riportati per essere analizzati semioticamente, sono state evidenziate le modalità di utilizzo degli spazi, l'apparato iconografico, la scelta e la posizione di nomi e titoli, lo stile dell'enunciazione, il linguaggio e il tono adottati. Si tratta di testi che mettono in gioco "una pluralità di linguaggi di manifestazione"[71]. Se tutto questo funziona (e così pare), allora il moderno news release non è altro che una versione ipertestuale: la carta viene sostituita da pagine web e il lavoro automatizzato grazie all'aiuto di software, ma i giornalisti rimangono gli interlocutori principali e i social rappresentano canali aggiuntivi per avere una maggiore visibilità e permettere all'utente l'interazione diretta. Si aggiunge a questi la condivisione di contenuti e il fatto di poter interagire direttamente con un numero sempre maggiore di persone connesse che ricevono, scambiano, pubblicano, diffondono. Si tratta di cambiamento graduale che non ha fatto altro che semplificare i rapporti e gli scambi tra uffici stampa e giornalisti. Per questo motivo ci sentiamo di affermare che il comunicato è tutt'altro che morto, anzi. Sopravvive percorrendo nuove strade, rimanendo flessibile e accettando cambiamenti che oggi possono includere persino sistemi di videoconferenze e chatbot intelligenti. Alla fine del nostro lavoro ci è sembrato attuale effettuare un esperimento utilizzando l'intelligenza artificiale. Abbiamo fatto un tentativo di redazione di un comunicato stampa chiedendo l'ausilio della ChatGPT. Visto il risultato, crediamo che in questo ambito sia ancora prematuro confidare totalmente nell'Intelligenza artificiale, che potrebbe portare a

---

[71] Cosenza G. (2004), *Semiotica dei nuovi media*, Roma-Bari: Gius. Laterza & Figli

commettere errori grossolani se non rischiosi. Crediamo però nell'aggiornamento e nella formazione continua: un buon comunicatore avrò sempre un occhio curioso, attento e sempre pronto ad affrontare le nuove sfide del futuro.

Bibliografia

Articoli su rivista

Barthes, R. (1971), Dall'opera al testo, *Revue d'Estétique* (lo si trova in italiano nel volume postumo Il brusio della lingua)

Bhatia, V. K., (2010), Interdiscursivity in professional discourse, *Discourse & Communication* 21(1) 32–50

Catenaccio, P., (2012), Il Giornalismo Come Riscrittura: Considerazioni Sul Ruolo Del Comunicato Stampa, *Altre Modernità*, ottobre, 160-73

Catenaccio, P., (2008) Press Releases as a Hybrid Genre *Pragmatics*, 18:1 9-31 International Pragmatics Association

Eco, U., Fabbri, P., (1978) Progetto di ricerca sull'utilizzazione dell'informazione ambientale, *Problemi dell'informazione*, 4.

Hiebert, R. E., Ivy Lee: "Father of Modern Public Relations" *The Princeton University Library Chronicle*, Winter 1966, Vol. 27, No. 2

Jacobs, G., (1999), Self-reference in press releases, *Journal of Pragmatics* 31

Noelle-Neumann, E., (1974), The Spiral of Silence: A Theory of Public Opinion, *Journal of Communication*, 24, pp. 43-51

Shaw, F., Agenda Setting and Mass Communication Theory, *Gazette (International Journal for Mass Communication Studies)*, n.2

Articoli in libri

Castells, M.,(1996) The Rise of Network Society, in *The Information Age Economy, Society, and Culture Vol I* Wiley-

Blackwell New York; trad. it. (2002) *La nascita della società in rete*, Università Bocconi Editore Milano.

Segre, C., (1985), Testo letterario, interpretazione, storia, in A. Asor Rosa (a cura di), *Letteratura italiana. L'interpretazione*, Torino, Einaudi

Libri

Bentivegna, S. Boccia Artieri G., (2011) *Le teorie delle comunicazioni di massa e la sfida digitale* Editori Laterza

Berger, A., (1995), *Essentials of Mass Communication Theory*, Sage, London (UK)

Calicchio S. (2020) *Ufficio stampa digitale. Come generare interesse nei media 2.0 e gestire le relazioni pubbliche grazie alle potenzialità del web* Ed. StreetLib

Cosenza, G., (2004), *Semiotica dei nuovi media*, Gius. Laterza & Figli

Eco, U., (2001), *Apocalittici e integrati* Bompiani

Eco, U., (1968), *La struttura assente. Introduzione alla ricerca semiologica* Bompiani

Eco, U., (1984), *Semiotica e filosofia del linguaggio* Einaudi

Eco, U., (1979), *Lector in fabula* Bompiani

Fabbri, P., (2018), *Le comunicazioni di massa in Italia: sguardo semiotico e malocchio della sociologia* (a cura di Marrone G.), Sossella L. Editore

Fabbri, P., (2021), *Biglietti d'invito per una semiotica marcata*, (a cura di G. Marrone), Bompiani

Floch, Jean-M., (1990) *Sémiotique, marketing et communication*, Presses Universitaires de France trad. it. (1992) *Semiotica, marketing e comunicazione*, Milano, FrancoAngeli,

Greimas, A., (1974), *Del senso*, Bompiani, Milano

Greimas, A., (1985), *Del senso 2. Narrativa, modalità, passioni*, Bompiani, Milano

Grice, P., (1989), *Logica e conversazione,* (trad. it. di G. Moro), Il Mulino, Bologna, 1993

Jacobs, G., (1999), *Preformulating the News: An Analysis of the Metapragmatics of Press Releases*, John Benjamins, Amsterdam/Philadelphia.

Jakobson, R., (1966) *Saggi di linguistica generale*, Feltrinelli, Milano

Lasswell, H. D., (1927) *Propaganda technique in the world war*, Ravenio Books

Le Bon, G., (1895) *La psychologie des foules*, Alcan, Paris, trad. it. (1980), *Psicologia delle folle*, Longanesi, Milano

Livolsi, M., (2022), *Manuale di sociologia della comunicazione*, Editori Laterza

Lorusso, A.M., Violi, P., (2015), *Semiotica del testo giornalistico* Editori Laterza

Lotman, J., (1993), *La cultura e l'esplosione. Prevedibilità e imprevedibilità*, Milano, Feltrinelli,

Marrone, G., (2010), *L'invenzione del testo. Una nuova critica della cultura*, Editori Laterza

Marrone, G., (2001), *Corpi sociali. processi comunicativi e semiotica del testo*, Einaudi.

Morris, C., (1964), *Signification and significance. A study of the relations of signs and values*, Mit Press, Cambridge (MA)

Propp, V., (1928), *La morfologia della fiaba,* trad. it. (1966) a cura di G. L. Bravo per Einaudi

Sperber, D., Wilson, D., (1986), *Relevance: Communication and Cognition*, Harvard University Press, Cambridge (Mass) trad. it., (1993) *La pertinenza*, Anabasi, Milano

Tagliente, G., (2021), *L'arte dell'ufficio stampa: Strategie di comunicazione tra informazione, media relations e web*. oVer Edizioni

Veneziani, S., (1999), *Organizzare l'Ufficio Stampa*, Il Sole24ore, Milano

Volli, U., (2010), *Il nuovo libro della comunicazione. Che cosa significa comunicare: idee, tecnologie, strumenti, modelli* Il Saggiatore

Watzlawick, P., Beavin J.H., Jackson, D.D., (1971) *Pragmatica della comunicazione umana*, Astrolabio, Roma

Sitografia

Comunicati.eu
https://www.comunicati.eu/guide/origini-e-storia-del-comunicato-stampa

ChatGpt
https://openai.com/research/overview

Dichiarazione Ivy Lee
https://pritalia.wordpress.com/2009/12/27/il-primo-comunicato-stampa-e-la-declaration-of-principles-di-ivy-lee/

Giornalismo *https://www.agi.it/blog-italia/marco-pratellesi/la_perdita_di_credibilit_del_giornalismo-2139459/post/2017-09-10/*

La comunicazione *https://www.lacomunicazione.it*

Shiftcomm.com
https://www.shiftcomm.com/insights/social-media-press-release-2-0/

Treccani
https://www.treccani.it/vocabolario/

Wearesocial.com dati italiani
https://wearesocial.com/it/blog/2022/01/digital-2022-i-dati-globali/

Wearesocial.com dati globali
https://wearesocial.com/it/blog/2022/02/digital-2022-i-dati-italiani/

Wikipedia voce "Testo"   *https://it.wikipedia.org/wiki/Testo*

Zuckerberg e Facebook   *https://www.agi.it/blog-italia/marco-pratellesi/facebook_fake_news_mark_zuckerberg_giornalismo-3395184/post/2018-01-21/*